Jäger · Gesellschaft und Entwicklung

Wieland Jäger

Gesellschaft und Entwicklung

Eine Einführung in die Soziologie sozialen Wandels

Beltz Verlag · Weinheim und Basel 1981

Wieland Jäger, Dr. phil., Dipl.-Soz., Jahrgang 1944; Mitarbeit in verschiedenen Projekten beim Projektträger „Humanisierung des Arbeitslebens“ des Bundesministeriums für Forschung und Technologie; z. Zt. Wissenschaftlicher Angestellter an der Fernuniversität Hagen.

Gesamtherstellung: Beltz Offsetdruck, 6944 Hemsbach über Weinheim
Umschlaggestaltung: E. Warminski, Frankfurt/M.
Umschlagbild: Fotomontage von John Heartfield
Printed in Germany

ISBN 3 407 57102 X

Für die Marientaler

Inhaltsverzeichnis

1 Zu diesem Buch

Welches Ziel verfolgt es?

Das Problem der Veränderung von Gesellschaft steht zur Zeit im Mittelpunkt der Aufmerksamkeit der Soziologie, nicht zufällig beschäftigte sich der 19. Deutsche Soziologentag in Berlin 1979 mit diesem Thema (Matthes 1979), nicht zufällig erreichte die Zahl der Teilnehmer ein solches Ausmaß, daß anstelle der Universitätshörsäle das Internationale Congress Centrum als Tagungsstätte dienen mußte. Ungeachtet der Vielzahl von Forschungen in diesem Themenbereich, in Berlin um annähernd 200 qualitativ höchst unterschiedliche Arbeiten erweitert, gibt es noch immer viele ungelöste Fragen; einige von ihnen wirft das vorliegende Buch auf. Dabei zielt es darauf ab, einen allgemeinen Zugang zu den Wandlungsprozessen vor allem in hochentwickelten westlichen Industriegesellschaften zu eröffnen und zugleich einen Einblick in das Beschreibungs- und Erklärungspotential differierender theoretischer Ansätze zu gesellschaftlichen Veränderungen und sozialem Wandel, zum analytischen Vermögen von Wissenschaft des gegenwärtigen Stands überhaupt zu vermitteln. Wichtig ist es, darauf hinzuweisen, daß diese Arbeit einführend geschrieben ist, also an die Probleme und Grundbegriffe der Soziologie von Entwicklung, Veränderung und Wandel heranführen will und nicht das „letzte Wort" (Clausen) beansprucht; zumal, wie der Soziologentag beweist, theoretisch und empirisch nach wie vor und auch zukünfig auf diesem Problemacker gearbeitet wird.

Einzuführen aber heißt in dem hier gemeinten Sinn 1. den Bestand der auf den Untersuchungsgegenstand konzentrierten soziologischen Theorien aufzunehmen, ohne jedoch die vorhandenen Theorieansätze systematisch bis ins Detail vorzustellen; 2. die bei der Sichtung der Materialien und Modelle aufgespürten Mängel und Defizite in einen theoretischen Zusammenhang zu stellen, in welchem Handlungs- und Strukturgesichtspunkte gleichermaßen beachtet werden könnten; allerdings verbindet sich damit nicht der Anspruch einer „eigenen" Theorie der Entwicklung und des Wandels, vielmehr handelt es sich um den Versuch, aktuelle Entwicklungen in der soziologischen Debatte angemessen zu berücksichtigen; 3. die eigene wissenschaftliche Position zu verdeutlichen, in der Einschätzung der vorliegenden theoretischen An-

sätze, in der Interpretation bisheriger Forschungsergebnisse und schließlich in der Beschäftigung mit strittigen oder noch ungelösten Problemen; auf eindeutige Standpunkte nicht zu verzichten, erleichtert die Auseinandersetzung mit ihnen, konzentriert sie auf die entscheidenden Fragen; und schließlich
4. zu kritischer Beschäftigung mit den Ergebnissen soziologischer Theorie und Praxis im Untersuchungsbereich anzuregen.

Wie geht dieses Buch vor? Was sind seine Inhalte?

Wandel, Veränderung und Entwicklung sind komplexe Probleme, die das Interesse unterschiedlicher Wissenschaften (Soziologie, Psychologie, Pädagogik, Mathematik, Kybernetik u.a.) auf sich ziehen. Im Vorfeld der eigentlichen Untersuchung ist es daher unerläßlich, zunächst im *Kapitel 2* den Untersuchungsgegenstand selbst aus der Sicht verschiedener Theoriekonzeptionen zu bestimmen. Dabei kommt es weniger darauf an, in die häufig langatmige, auf hohem Abstraktionsniveau stehende und meist schwer verständliche Theoriedebatte einzudringen; vielmehr versucht das Kapitel, den Stellenwert der Wandlungsproblematik innerhalb unterschiedlicher Ansätze auszuloten und nach den daraus resultierenden Konsequenzen zu fragen, besonders unter dem Aspekt der erkenntnisleitenden Interessen und damit auch bezogen auf die allgemeinere, übergeordnete Fragestellung nach der Funktion von soziologischer Arbeit in der Gesellschaft überhaupt. Zu diesem Zweck werden allgemeine Begriffs- und Konzeptionsbestimmungen erörtert, und zwar im Rahmen der Theorien des sozialen Wandels als spezielle soziologische Disziplin (Ansätze der Entwicklung, Industrialisierung, des Modernisierungsprozesses und der makrosoziologischen Theorie) wie der historisch gerichteten Theorie der industriellen Entwicklung und der historisch-materialistischen Entwicklungstheorie. Den Abschluß dieses Kapitels bildet die Darstellung des Verhältnisses von Wandel, Veränderung und Entwicklung; zugleich gehen in diesen Zusammenhang erste Anmerkungen zu den im folgenden ausgebreiteten Überlegungen zur theoretischen Erklärung von Veränderungen gesellschaftlicher Wirklichkeit ein.

Auf der Grundlage der Ergebnisse des zweiten Kapitels (Aufarbeitung und kritische Kommentierung der Materialien und Modelle) formuliert das *Kapitel 3* Thesen zur Relation von normativen Bedingungen und materiellen Faktoren als zentraler Themenbereich einer Theorie der Veränderung und Entwicklung. Allerdings haben sie „Werkstatt"-Charakter, weil die Kernprobleme einer Entwicklungstheorie wohl nur in der Kooperation aller veränderungsrelevanten Wissenschaften, also interdisziplinär, angemessen behandelt werden können. Diese Zusammenarbeit gibt es erst in Anfängen. Dementsprechend entfalten sich die Thesen auch nicht im Stile eines notwendigerweise in sich geschlossenen, in jeder Hinsicht stimmigen Denksystems, sondern als eine auf verschiedene Weise inspirierte Denkbewegung, die an mehrere, voneinander durchaus unabhängige Vorläufer anknüpft, an die Marxsche und Kritische Theorie, an Max Weber ebenso wie an Elemente der Systemtheorie von Luhmann u.a.m. Im Mittelpunkt stehen die materielle Tätigkeit der Menschen, das System der materiellen Produktion, die Wirtschaftsverhältnisse der Gesellschaft. Von diesen Überlegungen aus und unter Rückgriff auf konfliktsoziologische Modelle und ihreErweiterung entsteht der begriffliche und theoretische Bezugsrahmen, in welchem sich Wandel, Veränderung und Entwicklung in den Prozeß menschlicher Vergesellschaftung, in das Verhältnis von arbeitendem Menschen und bearbeiteter Natur einordnen und analysieren lassen.

Im *Kapitel 4* nun muß sich die Tragfähigkeit der zum Ausgangspunkt der Untersuchung gewählten Bausteine einer soziologischen Entwicklungstheorie erweisen (die gegenwärtigen Unvollkommenheiten der Entwicklungssoziologie sind allerdings stets mitzudenken). Vornehmlich auf hochentwickelte kapitalistische Industriegesellschaften konzentriert – die Situation in den Ländern der Dritten Welt nimmt ein Unterkapital gesondert auf –, bietet der erste Teil zunächst einen Überblick über wesentliche Merkmale der Entstehung und Fortentwicklung dieser Gesellschaftssysteme seit dem 19. Jahrhundert, benennt und diskutiert Hauptprobleme der Menschheit in der Gegenwart im Spannungsverhältnis von technischer/ökonomischer Entwicklung und sozialem Fortschritt. Nach diesen globalen Betrachtungen beschäftigt sich der zweite Teil des Kapitels mit historischen und aktuellen Wandlungsprozessen in ausgewählten, gesellschaftlich relevanten Bereichen der westlichen Industriesysteme besonders am Beispiel der Bundesrepublik Deutschland. Die ursprüngliche Absicht, alle wichtigen Veränderungsbereiche zu behandeln, ließ sich in der Verwirklichung dieses Buches nicht durchhalten, aus mehreren Gründen. Einmal stand diesem Vorhaben der begrenzte Buchumfang entgegen; daneben und wichtiger bereitet es einem einzelnen, doch selbst nur mit spezialisierten Kompetenzen ausgestatteten Autor größte Mühe, die Gesamtheit der veränderungsrelevanten Aspekte wissenschaftlich adäquat abzudecken (Projekte dieser Art sind in der Literatur immer mehrautorig); schließlich aber den Hauptgrund: Die hier vorgestellten Bereiche erhalten aus der theoretischen Perspektive dieses Buches Priorität. Die Bundesrepublik beispielhaft für die kapitalistischen Industriegesellschaften zu erörtern, liegt in der Bedeutung dieses Gesellschaftssystems in der westlichen Welt und im günstigeren Materialzugang begründet.

Schwerpunkte der Analyse sind entsprechend erstens Veränderungen im Produktionsbereich vor dem Hintergrund von technischem Fortschritt und Rationalisierungsprozessen. Hier steht zunächst der Wandel der Arbeit in der unmittelbaren materiellen Produktion und der Büroarbeit im industriellen Bereich im Zentrum des Interesses; daran schließt sich die Darstellung und

Einschätzung der Entwicklung der Arbeitsbedingungen unter den Gesichtspunkten von Qualifikation, Belastung und Reproduktion (Lohn) an. Angesichts zum Teil erschreckender Ergebnisse erhält die Frage nach innerbetrieblichen und gesamtgesellschaftlichen Problemlösungsaktivitäten zur Verbesserung der insgesamt schlechten Arbeitsbedingungen Bedeutung; dabei kommen staatliche (Kommission für wirtschaftlichen und sozialen Wandel, Forschung zur Humanisierung des Arbeitslebens) und Maßnahmen am Arbeitsplatz (Formen der Neuorganisation von Arbeit) zur Sprache. Wesentlich von der technischen und ökonomischen Entwicklung seit der Industriellen Revolution beeinflußt ist zweitens die Sozialstruktur, hier aufgenommen im Kontext von Schichtung und Mobilität, präziser: unter den Aspekten Gesellschaftsstruktur, Einkommensverteilung, Vermögensverteilung sowie soziale Auf- und Abstiegsprozesse. Drittens bezieht sich dieser Teil des Kapitels auf Struktur- und Funktionsveränderungen der Familie, konkretisiert u.a. anhand des Einwirkens wirtschaftlicher Prozesse auf den Wandel der Familienaufgaben sowie durch neueres Grundlagenmaterial zur Familienstruktur in der Bundesrepublik. Daß auch gesellschaftliche Wertvorstellungen, insbesondere über Sozialisation in der Familie vermittelt, Veränderungen unterliegen, ist viertens Gegenstand des nächsten Analyseschritts, der zur These von der Ambivalenz des gesellschaftlichen Wertsystems führt. Den Abschluß des zweiten Teils dieses Kapitels bilden fünftens Analysen zu sich verändernden Verkehrsformen der Menschen untereinander im Verlauf der industriellen Entwicklung, bezogen auf den Produktions-, Zirkulations- und Distributions- sowie Konsumtionsbereich. Der dritte Teil des Kapitels schließlich widmet sich den Entwicklungs- und Unterentwicklungsprozessen in den Ländern der Dritten Welt. Ursachen der Unterentwicklung, notwendige Erweiterung des Entwicklungsbegriffs, Merkmale der gegenwärtigen Situation, Tendenzen einer neuen internationalen Arbeitsteilung zu Lasten der Dritten Welt markieren diesen Untersuchungsabschnitt, der mit der Frage nach Problemlösungen zur Überwindung der Unterentwicklung und ihrem Realitätsgehalt abschließt.

Das *Kapitel 5* setzt sich mit der Zukunft der westlichen Industriegesellschaft und den Beziehungen zwischen kapitalistischen und sozialistischen Ländern auseinander. Anspruch und Wirklichkeit unterschiedlicher futurologischer Konzeptionen und Modelle stehen zur Diskussion, nicht zuletzt an der Frage zur Lösung gegenwärtiger Menschheitsprobleme und am Verhältnis zum Sozialismus und zur Dritten Welt gemessen.

Die Zusammenfassung im *Kapitel 6* konzentriert die Hauptergebnisse in systematischer, übersichtlicherer Form.

Genug der Vorrede, fangen wir also an.

2 Der Untersuchungsgegenstand: Wandel, Veränderung und Entwicklung

Fortuna mit Glücksrad, Illustration aus der Astronomischen Sammelhandschrift Prag (Wenzelswerkstatt) 1392 – 1393

Quelle: Österreichische Nationalbibliothek, Wien
in: Legner, A. (Hrsg.), Die Parler und der Schöne Stil 1350–1400. Europäische Kunst unter den Luxemburgern. Ein Handbuch zur Ausstellung des Schnütgen-Museums in der Kunsthalle Köln, Band 3, Köln 1978, S. 78.

Trotz allen theoretischen Bemühens wissen wir gegenwärtig wenig über den Untersuchungsgegenstand. Immer noch scheint eher zuzutreffen, was Fortuna mit Glücksrad, den vier Gestalten und den Spruchbändern Regno, Regnavi, Sum sine regno, Regnabo darstellt: „Symbol des bedingungslosen Sichfügens in die Macht des Schicksals, das selbst königliche Herrlichkeit nicht verschont" (Dieckhoff, in: Legner, A. (Hrsg.), a.a.O., S. 79).

Daß nichts bleibt, wie es war, daß das Neue alt wird - so Hannes Wader in einem seiner Lieder - ist alltägliche Erfahrung, begründet in der sozialen Wirklichkeit, die die Menschen in ihrem „ganzen Tun und Treiben" (Marx/Engels) erleben, kennenlernen und gestalten. Diese Wandlungsprozesse des gesellschaftlichen und sozialen Lebens theoretisch zu erfassen, ihre Ursachen zu erforschen, auf ihren Verlauf einzuwirken und aufgrund der Kenntnis des jeweiligen gesellschaftlichen Entwicklungsniveaus zu Aussagen über zukünftige gesellschaftliche Zustände zu kommen, ist Aufgabe jener soziologischen Theorie und Praxis, die hier in Rede steht. Ist auch diese Problembestimmung einleuchtend, beinahe selbstverständlich und scheinbar der Zustimmung jedes Sozialwissenschaftlers gewiß, verdeckt sie doch nur mühsam grundlegend unterschiedliche wissenschafts- und vor allem erkenntnistheoretische Auffassungen in der Erklärung von „Bewegungen" der sozialen Wirklichkeit. So vorgewarnt, tasten wir uns an Konkreteres heran.

2.1 Theorien des sozialen Wandels als spezielle soziologische Disziplin

Die neuere Geschichte der „western theory of development" (Nisbet) prägt ein Begriff, dessen Verwendung in den Sozialwissenschaften weitgehend unabhängig von wissenschaftstheoretischen Positionen zu sein und als „soziologischer Grundbegriff" (Zapf) Schlüsselcharakter für die Analyse gesellschaftlicher Entwicklungen zu beanspruchen scheint: Der Begriff des sozialen Wandels. Von Prince 1920 wohl zuerst in einem Buchtitel aufgenommen, von Ogburn 1922 erstmalig in der theoretischen Diskussion voll entfaltet, läßt sich die Relevanz dieses Begriffs für die gegenwärtige Soziologie kaum überschätzen:

a) Soziologen unterschiedlicher theoretischer Ausrichtung (z.B. der kürzlich verstorbene Strukturfunktionalist Parsons und der Neoevolutionist Eisenstadt gegenüber den Konflikttheoretikern Dahrendorf und Lockwood) wie auch eine Vielzahl von Ökonomen, Politikwissenschaftlern, Sozialpsychologen stimmen im wesentlichen darin überein, daß „sozialer Wandel die Veränderung sozialer Strukturen bedeutet, die Abweichung von relativ stabilen Zuständen, deren Stabilitätsbedingungen wir kennen müssen, um

Wandlungspotentiale und Entwicklungsrichtungen analysieren und erklären zu können" (Zapf 1969, S. 11). Untersuchungen über den Wandel beruhen also auf dem Vergleich zwischen sozialen Strukturen vor und nach ihrer Veränderung. Diese Vorstellung entspricht der geläufigen Definition von Heintz, nach dem sozialer Wandel „die Gesamtheit der in einem Zeitabschnitt erfolgenden Veränderungen in der Struktur einer Gesellschaft" bezeichnet (1958, S. 268). Weitere Begriffsbestimmungen dieses Inhalts nebst umfangreicher Bibliografie finden sich z.B. bei Dreitzel 1967, Moore 1967, Zapf 1969, Neuloh 1973, Schäfers 1976 und jüngst Strasser/Randall 1979. Die Autoren entwerfen ein Spektrum des Wandels von gesamtgesellschaftlichen Veränderungen bis zum Wandel von Kleingruppen, Einstellungen, Rollenverhalten usw.. Ungeachtet einer generell notwendigen Überprüfung der je spezifischen Definitionselemente besitzt - so unsere These - die Kategorie des sozialen Wandels integrativen Charakter, insofern sie für eine Flut aller nur möglichen wissenschaftlichen Arbeiten über wirtschaftliche, gesellschaftliche, sozialpsychologische usf. Veränderungen Ausgangspunkt und Orientierung zugleich darstellt, also wesentlicher Teil des begrifflich-klassifikatorischen Bezugsrahmens ist, in dessen Kategorien die Beschreibung und Erklärung gesellschaftlicher und sozialer Wandlungsvorgänge erfolgen soll.

b) Über die Integrationsfunktion hinaus ist an die Verwendung der Kategorie des sozialen Wandels die Vorstellung geknüpft, und das ist unsere zweite These, in mehrfacher Hinsicht zum Fortschritt der Analyse gesellschaftlicher Entwicklungsprozesse beizutragen und damit theoretisch innovativ zu wirken: Zum einen erheben die betreffenden Sozialwissenschaftler den Anspruch, mit der Kategorie des sozialen Wandels qualitativ niedrigere und daher überkommene Bezugssysteme der Klassiker überwunden zu haben, indem sie Begriffe wie Dynamik, Transformation, Evolution, Zirkulation und Fortschritt durch sozialen Wandel ersetzten oder subsumierten (vgl. Zapf 1969, S. 11). Zum anderen und damit verbunden wiegt sich die Mehrzahl der Theoretiker des sozialen Wandels in der Sicherheit, mit diesem Schritt vor allem die an Karl Marx orientierte historisch-materialistische Entwicklungstheorie korrigiert zu haben. Nicht über Entwicklungsgesetze könne gesellschaftlicher Wandel erklärt werden, heißt es, sondern nur über ein Bündel endogener, d.h. gesellschafts-, system- und persönlichkeitsimmanenter Kräfte und durch exogene Faktoren, die von außen auf soziale Einheiten einwirken und häufig im Sinne von Störungen gelten.

In diese grobe Einschätzung gehen Überlegungen ein, die im folgenden unter verschiedenen Gesichtspunkten neu aufgenommen werden sollen; in der Form orientiert sich die Diskussion an jener Systematisierungslinie, die Zapf seiner

Textsammlung zum sozialen Wandel voranstellt (vgl. 1969, S. 15 ff.). Zur Rezeption von Theorien des sozialen Wandels erscheinen in einem ersten Arbeitsschritt folgende Fragenkomplexe hilfreich:

Erstens: Was wandelt sich? Welches Strukturverständnis liegt dem Ansatz zugrunde und welche Bedeutung kommt ihm zu?

Besteht auch Einigkeit darüber, Prozesse der Veränderung im Bereich sozialer Strukturen analysieren zu wollen, unterscheiden sich die verwendeten Strukturbegriffe erheblich. Dieses Problem berührt zunächst grundsätzliche Fragen der Bildung solcher Kategorien, die im Rahmen der Gesellschaftstheorie auf handlungstheoretischer Grundlage über Status und Rollen bzw. Normen als Ordnungsfaktoren entwickelt werden und in der gegenwärtigen Soziologie vorherrschend sind *oder* die auf der Grundlage der materiellen gesellschaftlichen Verhältnisse über den Begriff der Arbeit, der gesellschaftlichen Arbeitsteilung und der Verfügung über Produktionsmittel erarbeitet werden können (vgl. Berger 1977, S. 56 ff). Darüber hinaus läßt sich zeigen, daß selbst innerhalb der die soziologische Diskussion überformenden funktionalistischen Theorie Inhalt und Bedeutung des Strukturverständnisses Veränderungen unterliegen, wenn der Strukturbegriff für Parsons 1961 den Bezugsrahmen funktionaler Analyse darstellt, Luhmann 1971 dagegen den Primat dieses Begriffs durch die Frage nach der Funktion von Strukturen radikal untergräbt.

Zweitens: Welches Abstraktionsniveau kennzeichnet den Ansatz?

Wenn sozialer Wandel als „Schlagwort" (Claessens) und „inflationierter Begriff" (Zapf) für ein breites Spektrum meist ambitionierter Arbeiten gilt, ist zunächst eine Zuordnung der vorliegenden Theorien nach Ebenen soziologischer Analyse naheliegend. Sie betreffen zunächst den Wandel von Gesamtgesellschaft (z.B. B. Moores politisch-ökonomische Theorie gesamtgesellschaftlichen Wandels 1969), dann Veränderungsprozesse in sozialen Gruppen und zwischenmenschlichen Beziehungen (z.B. Smelsers Theorie des kollektiven Verhaltens 1972) und schließlich Wandlungsvorgänge hinsichtlich der individuellen Reaktionen auf Statusinkonsistenz im Rahmen der Theorien über sozialen Status und Systemwandel (vgl. z.B. Strasser/Randall). Allerdings fängt dieses Raster nicht alle theoretischen Arbeiten ein, insofern einige, insbesondere im Bereich der „Modernisierung" (z.B. Hagen 1963), alle drei Aspekte der Veränderungen bearbeiten und daher übergreifende Relevanz beanspruchen. Von daher erscheint es sinnvoll, mit Zapf eine mikroskopische Betrachtungsweise zu unterscheiden; erstere bezieht sich auf sozialen Wandel „als Veränderung von Beziehungen, Rollen, Rollenverständnis", während letztere „die Veränderung gesamtgesellschaftlicher Systemstrukturen oder

Herrschaftsverbände“ (Zapf 1969, S. 16) im Auge hat. Daß auch diese Zuordnungskriterien nicht problemlos sind, darauf verweist Zapf selbst, wenn er schreibt: „Aber sowohl Paarbeziehungen und Kleingruppen wie Großorganisationen und Gesamtgesellschaften werden als soziale Systeme, Herrschaftsverbände oder Regelkreise verstanden. Hieraus ergibt sich das Problem, ob wir 'universelle' Theorien für alle Aggregationsniveaus solcher Einheiten oder aber eine besondere makroskopische Betrachtungsweise brauchen, um genau den Eigenschaften auf die Spur zu kommen, durch die sich Gesellschaften von ihren Untereinheiten unterscheiden“ (ebenda). Was es vor allem mit der makroskopischen Analyse auf sich hat, wird uns noch beschäftigen.

Drittens: Worin sieht der Ansatz die Ursachen des Wandels?

Zu benennen, was den Prozessen sozialen Wandels zugrundeliegt, ist ein Hauptproblem in der Verwirklichung der Absicht, die „Linearität“ der älteren soziologischen Konzeptionen des Wandels durch Theorieansätze des differenzierten sozialen Wandels abzulösen: Waren – im Selbstverständnis der vorwiegend auf Handlungs- und Verhaltenstheorien begründeten neueren Modelle des Wandels – der geistige Fortschritt der Menschheit für Comtes Dreistadiengesetz, der kosmische Differenzierungsprozeß für Spencers Evolutionstheorie und der Widerspruch zwischen Produktivkräften und Produktionsverhältnissen in der historisch-materialistischen Entwicklungstheorie von Marx die treibenden Kräfte gesellschaftlicher und sozialer Veränderung (vgl. z.B. Zapf 1969, S. 12), so erweckt die Subsumtion einer Vielzahl von Wandlungskräften unter das Begriffspaar „endogene“ und „exogene“ Ursachen den Eindruck breiterer und realistischerer Erfassungsmöglichkeiten dessen, was soziale Veränderungen bewirkt. Von Parsons (1961, S. 30 ff) entwickelt, hat sich diese Unterscheidung inzwischen durchgesetzt. Ihr liegt die Vorstellung zugrunde, daß „Spannungen“ (als Störungen im System der Erwartungen von Handelnden definiert) zwischen zwei oder mehreren strukturellen Einheiten mit der Tendenz zum Ungleichgewicht endogene Wandlungsprozesse auslösen, an deren Ende ein Gleichgewichtssystem restituiert ist. Exogene Quellen dagegen bezeichnen endogene Wandlungstendenzen der „Umwelten“, die zum betreffenden sozialen System gehören, z.B. Veränderungen der physischen Umwelt oder des kulturellen Systems durch technisches Wissen.

Daß der Gebrauch dieses Begriffspaares bei unterschiedlichen Theorien des sozialen Wandels beinahe unstrittig ist, kann nicht über gravierende Auseinandersetzungen über Inhaltsbestimmungen hinwegtäuschen. Denn ähnlich der ambivalenten Einstellung der Wissenschaftler zum Strukturbegriff – darin zwar übereinzustimmen, daß Wandel die Veränderung sozialer Strukturen bezeichnet, jedoch je unterschiedlich die Strukturen zu definieren – erfährt die Differenzierung von endogenen und exogenen Ursachen des Wandels ein gleiches Schicksal, nämlich als Begriffshülse einer breiten Wissenschaftlergemeinschaft dienlich zu sein, inhaltlich jedoch, nicht zuletzt aufgrund seiner Herkunft aus der Überbetonung von Systemgleichgewichten im Strukturfunktionalismus, scheinbar in das Belieben des Verwenders gestellt zu sein (vgl. die Hinweise von Zapf zur Funktionalismuskontroverse, 1969, S. 17). Zu benennen, was den Prozessen sozialen Wandels zugrundeliegt, ist nicht nur sondern *bleibt* ein Hauptproblem dieser speziellen soziologischen Disziplin.

Viertens: Welche Verlaufsform, welche Richtung und welches Ausmaß der Veränderung nimmt die jeweilige Theorie des sozialen Wandels an?

In Verbindung mit vorausgegangenen Überlegungen dienen Fragen dieser Art der Absicht, der Eigenart des theoretischen Ansatzes näherzukommen, zumal vor folgendem Hintergrund: Das Konzept des sozialen Wandels vereint einerseits zwar schier unübersehbare, auf eine Vielzahl wichtiger Aspekte orientierter Arbeiten höchst unterschiedlicher theoretischer Qualität, die allerdings in einigen Fällen größte Probleme haben, Veränderungen in den Prozessen sozialen Wandels auch zu verdeutlichen (z.B. die allein psychologische Interpretation sozioökonomischer Prozesse bei McClelland 1961) oder die sozialen Wandel auf Unterschiede zwischen zeitlich verschiedenen Zuständen bestimmter kultureller Gesichtspunkte reduzieren (vgl. Tjaden 1972, S. 148). Andererseits ist eine handlungstheoretische Perspektive gerade für die Mehrzahl jener Ansätze charakteristisch, die übergreifende, makroskopische Analysevorschläge entwickelt haben. Damit sind sie, wenn auch nicht zum Zeitpunkt ihres Entstehens so angelegt, aktuellen Problemzusammenhängen der soziologischen Theorie überhaupt zuzuordnen, nämlich der beginnenden wechselseitigen kritischen Rezeption differierender theoretischer Ansätze in der Soziologie. Dieser Vorgang des gegenseitigen „Beschnupperns“ nach Jahren der Abstinenz materialisiert sich gegenwärtig u.a. in der Frage nach dem Verhältnis von Handlungen zu Strukturen, und zwar vor dem Hintergrund, daß „gesellschaftliche Gebilde .. einerseits aus Handlungen aufgebaut (sind), andererseits .. sie den Handlungen gegenüber, aus denen sie doch bestehen, neue und eigenständige Qualitäten (besitzen), so daß vom Bewußtsein und vom Wollen der Beteiligten unabhängige Strukturen entstehen“ (Berger 1977, S. 56). Scheint sich also ein Konsensus dahingehend herauszubilden, daß die theoretische Relevanz der im Konzept des sozialen Wandels vorgelegten Ansätze nicht zuletzt mit Hilfe des Kriteriums angemessener Berücksichtigung von Handlungen und Strukturen eingeschätzt werden kann, sind eben in der Verwirklichung solchen Vorhabens neben der Wandlungseinheit, dem Abstraktionsniveau und den Veränderungsursachen Angaben über Verlaufsform, Richtung, Ausmaß (Radikalität) und Geschwindigkeit (Rapidität) des Wandels von außerordentlichem Interesse.

Noch im Begriff, allgemeinere Zusammenhänge des sozialen Wandels zu verdeutlichen, konzentriert sich der zweite Arbeitsschritt darauf, vorliegende Materialien vor allem unter dem Aspekt der Thematisierung gesamtgesellschaftlicher Veränderungen zu sichten und übergeordneten Kategorien exemplarisch zuzuordnen. Die Betonung auf umfassende gesellschaftliche Analysen liegt in der Absicht begründet, Veränderungsprozessen in wichtigen Bereichen auf die Spur zu kommen, welche die uns besonders interessierenden Gesellschaften wie z.B. die der Bundesrepublik reproduzieren und ihren Fortbestand sichern, ohne jedoch auf Verweise zu ähnlichen bzw. unterschiedlichen Vorgängen in den Ländern der Dritten Welt zu verzichten. Die kategoriale Zuordnung von Wandlungstheorien dient, mit Luhmann gesprochen, der „Reduktion von Komplexität“: Das Meer von Theorien zum Wandel bedarf der Benennung.

Die Analyse gesamtgesellschaftlicher Veränderungen firmiert Brandt zufolge „unter einer Vielfalt disparater Titel .. Wird von den einen der ebenso ehrwürdige wie belastete Begriff der gesellschaftlichen *Entwicklung* wieder aufgenommen ..., so bevorzugen andere weniger anspruchsvolle Bezeichnungen wie *sozialer Wandel, Industrialisierung, Modernisierung,* wenn sie sich nicht überhaupt mit dem summarischen Begriff *‚makro-soziologische Theorie‘* begnügen ...“ (Brandt 1972, S. 5; meine Hervorhebung).

Diese Differenzierung ist aus mehreren Gründen problematisch: Erstens suggeriert sie eine relative Beliebigkeit der Zusammenfassung von Theorien gesamtgesellschaftlicher Veränderungen unter Oberbegriffe und trübt somit den Blick für unterschiedliche wissenschafts- und erkenntnistheoretische Positionen. Zweitens stellt die Einordnung von sozialem Wandel neben Industrialisierung und Modernisierung den objektiven Tatbestand in Frage, daß die Kategorie des sozialen Wandels mehr ist als ein „Titel“ oder ein „Bezeichnung“, nämlich – wie wir noch deutlicher machen werden – klassifikatorischer Bezugsrahmen und Programm. Drittens ist die Differenzierung widersprüchlich, weil Brandt selbst z.B. Modernisierung und Industrialisierung zu den Theorien der gesellschaftlichen Entwicklung zählt (1972, S. 11). Viertens verweist gerade dieser Sachverhalt auf den Umstand, daß Modernisierung und Industrialisierung nicht als „weniger anspruchsvolle“ Kategorien betrachtet werden dürfen. Und fünftens ist Brandts Unterscheidung schon aus dem Grunde fragwürdig, weil seine Überlegungen zu einer „historisch gerichteten Theorie der industriellen Entwicklung“ (S. 10 ff) in Teilen fortentwickelte Elementarkategorien der Modernisierungs- wie materialistischen Entwicklungstheorien miteinander zu vereinen sucht. Also gerade jene Begriffe, die er eben noch lediglich als „Titel“ oder „Bezeichung“ apostrophiert hatte.

Vor diesem Hintergrund stiften Brandts Differenzierungen eigentlich eher Verwirrung als Klarheit. Dennoch soll an dem *Formaspekt* dieser Aufteilung festgehalten werden; so reduziert, bietet sie den Vorteil, Theorien des sozialen Wandels ordnen zu können. Wir halten weiterhin an der These fest und sie wird durch neuere Veröffentlichungen belegt, daß mit wenigen Ausnahmen, die zu benennen sind, sozialer Wandel den *Forschungsgegenstand* der von Brandts vorgeschlagenen Differenzierung darstellt, nicht einen „Titel" oder eine „Beziehung" neben anderen.

Beginnen wir mit den Theorien *gesellschaftlicher Entwicklung.* Ihre Untersuchungsgegenstände umfassen unmittelbar oder in ihren Auswirkungen alle Bereiche des *sozialen* Wandels, d.h. ökonomischer und technologischer Wandel ebenso wie Wandel im Wertsystem, sozialstruktureller Wandel, Wandel im Bildungssystem und politischer Wandel. Ort der Forschung sind Industriegesellschaften und die Länder der Dritten Welt. Zu diesen Theorien zählen

- neuere Beiträge des Strukturfunktionalismus (Parsons 1969) und des Neoevolutionismus (Parsons 1964, Eisenstadt 1969)
- Ansätze des Systemwandels (z.B. Zollschan/Hirsch 1964, Smelser 1967)
- Arbeiten des Konflikt- und Herrschaftsansatzes (z.B. Dahrendorf 1969, Lockwood 1969)
- kybernetische Überlegungen (z.B. Cadwallader 1969)
- historisch vergleichende Analysen (z.B. Aron 1969, Bendix 1969).

In diese Rubrik fallen auch soziologische Untersuchungen internationaler Transformationen (z.B. Kaplan 1969). Von diesem Komplex zu trennen sind Theorien gesellschaftlicher Entwicklung, deren Forschungsgegenstände außerhalb des Konzepts sozialen Wandels liegen. Das geschieht im Rahmen der

- kritischen Theorie der Gesellschaft (Habermas 1971)
- historisch-materialistischen Theorie der gesellschaftlichen Entwicklung, orientiert an Marx und Engels (z.B. Baran 1957, Bettelheim 1969, Krysmanski/Tjaden 1977, Mandel 1972, Sweezy 1970, Tjaden 1977).

Die Ausgangspunkte und theoretischen Überlegungen, soweit für unseren Themenbereich relevant, werden an anderer Stelle diskutiert.

Theoretische Ansätze der *Industrialisierung* (Untersuchungsschwerpunkte: Ökonomischer und technologischer Wandel, aber auch andere Bereiche; Untersuchungsort: vor allem Länder der Dritten Welt), auch „Modernisierungsstudien im engeren Sinne" (Zapf) genannt und selbst mit gesamtgesellschaftlichem Entwicklungsanspruch, umfassen z.B.

- Schriften der modernen nationalökonomischen Wachstumstheorie (z.B. Robinson 1969, Rostow 1969)
- Entwürfe zu einer soziologischen Theorie des Tauschs (Clausen 1978)
- Untersuchungen historisch orientierter Forscher der Modernisierungstheorie (z.B. Bendix 1968, Eisenstadt 1966, Hoselitz 1969, W.E. Moore 1967).

Davon abzugrenzen sind Arbeiten mit ebenfalls historischer Ausrichtung, jedoch unter stärkerer Betonung auch materialistischer Kategorien (z.B. die politökonomische Theorie gesamtgesellschaftlichen Wandels von B. Moore 1969, 1979) und die Vorüberlegungen zu einer historisch gerichteten Theorie der industriellen Entwicklung von Brandt 1972.

Die Untersuchung des *Modernisierungs*prozesses (Schwerpunkt: politischer und sozialstruktureller Wandel, Wandel im Bildungssystem und im Wertsystem; Untersuchungsort: Länder der Dritten Welt), welche ebenfalls gesamtgesellschaftliche Relevanz beanspruchen, konzentrieren sich unter dem Gesichtspunkt des Übergangs von „tradidionaler" zur „modernen" Gesellschaft z.B. auf

- Wandel der Sozialstrukturen (z.B. Levy 1969)
- Formen des politischen Wandels (z.B. Almond 1969, Levy 1969, Rokkan 1969)
- soziale Mobilisierung als komplexer Prozeß der Entwicklung und Aneignung moderner Lebensformen und Verhaltensweisen (z.B. Deutsch 1969, Eisenstadt 1966, Hagen 1969, Lerner 1969, Rüschemeyer 1969, Sonderheft 13/1969 der KZfSS)
- die Rolle des Militärs im Modernisierungsprozeß (z.B. Aron 1969).

Die *makrosoziologische* Theorie, von Etzioni 1968 erstmals vorgestellt, führt auf ihrem gegenwärtigen Entwicklungsniveau im Forschungsgegenstand wie im Untersuchungsort zu den Anliegen und Aufgaben der Theorien gesellschaftlicher Entwicklung zurück, insofern sie alle Gesellschaftstypen einschließlich ihrer hier interessierenden Bereiche ins Zentrum ihrer Arbeiten stellt. Differenzierungen ergeben sich jedoch in dem Bemühen, strukturfunktionalistische, konflikttheoretische und kybernetische Ansätze zu einem übergeordneten, systematischen und soziologischen Bezugsrahmen, der Makrosoziologie, zusammenzufassen. Ihr Ziel liegt darin, mit Hilfe interdisziplinärer Zusammenarbeit die Fähigkeit zu *geplantem,* gesamtgesellschaftlichem Wandel zu erhöhen, nicht zuletzt durch die Auseinandersetzung mit mikroskopischen Veränderungsprozessen in Sozialbeziehungen, Rollen, Rollenverbänden unter dem Gesichtspunkt ihrer makroskopischen Auswirkungen. Angesichts der uneingeschränkten Kombinationsmöglichkeiten interdisziplinärer Zusammenarbeit orientiert der Ansatz wohl auch darauf, unterschiedliche Konzepte gesellschaftlicher Entwicklung funktionalistischer, systemtheoretischer und materialistischer Herkunft in einer vollentwickelten Theorie zu integrieren, die es aber nach Etzioni noch zu entwerfen gilt. Unter solchen Vorzeichen fällt es schwer, mit Brandt dem Begriff makrosoziologische Theorie lediglich „summarischen" Charakter zuzuschreiben; man wird sich wohl auch nicht mit diesem „begnügen" können, stattdessen Makrosoziologie in der Tendenz methodologisch (orientiert an Erfahrung) und inhaltlich (orientiert am Konzept sozialen Wandels) vereinheitlichende Intentionen zuschreiben müssen.

Doch kehren wir zum Begriff des sozialen Wandels zurück; wir richten unser Augenmerk auf die Aussagekraft der Theorien, die mit diesem Begriff arbeiten. In seiner fundierten begriffsgeschichtlichen Arbeit, die das Verhältnis des Gleichbleibens und der Veränderung in der soziologischen Diskussion seit Comte und Spencer bis heute analysiert, bestätigt Tjaden zunächst das theoretische Interesse in der Beschäftigung mit sozialem Wandel, verweist aber zugleich auf die das Konzept des Wandels häufig charakterisierende politische Stoßrichtung, nämlich „sozialtechnische Handlungsanweisungen" (z.B. Niehoff 1966) zu erarbeiten oder - zumal in Studien über Probleme der Entwicklungsländer - „oft nichts als bloße Ideologie" (z.B. de Vries 1961) darzubieten (Tjaden 1972, S. 120 und 136). Aber auch „jene theoretischen Überlegungen haben ebenso wenig wie die systemtheoretischen Ansätze in der Soziologie zu einer grundlegenden Konzeption eines Bezugsbereichs der Disziplin geführt, die sich fachuniversaler Anerkennung erfreuen könnte. Die Theorie des sozialen Wandels erscheint als ein Ansatz neben anderen Ansätzen zur soziologischen Erfahrungswissenschaft ..." (Tjaden 1972, S. 120 f.).

Was Tjaden hier als Schwäche kritisiert, nämlich gesellschaftliche Veränderung im Rahmen einer speziellen Soziologie des sozialen Wandels zu untersuchen und letztlich daran zu scheitern, ist für Schäfers dagegen von Vorteil, wenn er die „Vielschichtigkeit" des Wandlungsproblems, die "Entlastung" der übrigen Soziologien, Wandel in den je spezifischen Objektbereichen zu berücksichtigen, und die „Schwierigkeit" der Erfassung übergreifender Veränderungen für das Beharren auf einer Spezialsoziologie zum Wandel ins Feld führt (1976, S. 7-9). Diese Argumente stehen auf tönernen Füßen, weil sie in der Tendenz suggerieren, die Komplexität des Wandels könne durch theoretische Spezialisierung reduziert werden, die Analyse einzelner Objektbereiche (z.B. Familie oder Katastrophe) des täglichen Lebens sei ohne die Bezugnahme auf gesamtgesellschaftliche Verhältnissse möglich. Darüber hinaus legitimieren sie sich an Poppers Vorstellung einer „offenen Gesellschaft", deren theoretische wie methodologische Rigidität selbst erfahrungswissenschaftlich ausgerichtete Theoretiker des sozialen Wandels, z.B. Zapf, zu Distanzierungen veranlaßt. Schließlich kommt auch Schäfers nicht umhin, „Gesellschaft als objektiven Zusammenhang und Bezugspunkt der Einzelanalyse" (S. 12) anzuerkennen. Es bestehen also gute Gründe, der Einschätzung Tjadens auch im folgenden Aufmerksamkeit zu schenken.

Etwa seit Ogburn vollzieht sich die Auseinandersetzung mit sozialem Wandel systematisch (Tjaden 1972, S. 123). Veränderungsprozesse werden als zu erklärende Regelmäßigkeiten aufgenommen, unterstützt in dem Interesse,

Wandel in den „Griff" zu bekommen und vor dem Hintergrund der Auffassung, daß *menschliche Tätigkeiten* die Hauptverursacher sozialen Wandels sind. „Eine regelhafte – indessen nicht notwendig kausale – Sequenz von diachronen Aktionen, die von routinemäßigen Tätigkeitsfolgen verschieden ist, stellt seither das Paradigma sozialen Wandels dar" (ebenda).

Hier schließt sich die Frage an, auf welchem Weg die diachronen, also Veränderungen auslösende Tätigkeitsfolgen als spezifische *soziale* zu begreifen sind. Das geschieht nach Tjaden ohne festen, gemeinsam geteilten Bezugspunkt (vgl. S. 121), also offenbar eher beliebig konstruierbar entsprechend dem Objektbereich der Untersuchung. Dieses Vorgehen scheint solange unproblematisch, wie das Konstruktionsprinzip der Zeit und Regelmäßigkeit in der Sequenz der sich wandelnden Tätigkeiten eingehalten wird; es erhält aber Virulenz, sobald die Ansätze – und das ist das Kennzeichen ihrer Mehrzahl – Anspruch darauf erheben, Veränderungen hervorrufende menschliche Aktivitäten in ihrer *Verallgemeinerung* darzustellen. Dann nämlich setzt das Konstruieren von Tätigkeitsfolgen „eine Zuordnung von Aktionsereignissen zu bedingenden Aktionen und sonstigen Faktoren voraus, welche erst erlaubt, sinnvoll von zeitlichen Aktionsfolgen zu sprechen" (ebenda) und Sozialprozesse sich wandelnder Aktivität verallgemeinernd zu fassen.

Tjaden verfolgt die Problemlösungsversuche exemplarisch anhand von handlungs- und verhaltenstheoretischen funktionalistischen Ansätzen sowie soziologischen Konzeptionen des Systemwandels und des Wandels organisatorischer Systeme mit folgenden Ergebnissen:

a) Modelle sozialen Wandels, die auf Theorien sozialen Handelns als Grundkategorie erfahrungswissenschaftlicher Soziologie fußen, setzen *definierte* Ergebnisse des Handels und Verhaltens zu Bezugspunkten interpersoneller Tätigkeit, so Hagen 1969. Daraus resultierende Schwierigkeiten (z.B. Konflikt von Handlungszielen) bringen Tjaden zu der Überzeugung, daß Modelle von Sequenzen sich verändernder Aktionen auf der *alleinigen* Grundlage von Handeln und Verhaltens unmöglich sind (vgl. S. 147).
b) Im funktionalistischen Modell von Boskoff 1957 sind terminierte Aktionsbeziehungen sogar *Voraussetzung* der Theorie, in der Folge beschränken sie sozialen Wandel auf Umbildung schon gegebener Sozialgebilde (vgl. S. 154).
c) Auch im Kontext des Wandels von Systemen und Organisationen nehmen entsprechende Überlegungen die Ergebnisse sich verändernder Aktivitäten vorweg. Zur angemessenen Erklärung gesellschaftlicher Veränderungen bedarf es Tjaden zufolge der Bestimmung von Gesellschaft im Sinne eines umfassenden und sich entwickelnden Gebildes menschlicher Tätigkeit. Einem solchen Bezugsrahmen kann auch Parsons 1964 entwickeltes Konzept evolutionärer Universalien nicht genügen (vgl. S. 272).

Damit können wir ein erstes Fazit unserer Überlegungen ziehen: Vor dem Hintergrund der vielfältigen, nur unbefriedigend gelösten Probleme bereits im Vorfeld der Diskussion sozialen Wandels (1. Arbeitsschritt) sowie der Begründung sozialen Wandels als übergreifendes Konzept (2. Arbeitsschritt) und angesichts der eingeschränkten, wenn nicht häufig geringen Aussagekraft der Theorien, bestehen erhebliche Zweifel an der soziologischen Praxis, gesellschaftliche Veränderungen im Rahmen eines eigenständigen Bereichs zu untersuchen, der das Beharren auf einer speziellen Soziologie des sozialen Wandels rechtfertigen könnte. Demgegenüber gibt es gute Gründe, zumal unter Hinweis auf die jüngste entwicklungstheoretische Debatte zwischen Luhmanns evolutionistischer Theorie und Habermas kritischer Theorie der Gesellschaft (vgl. Eder 1976), über erfahrungswissenschaftliche und systemtheoretische Auffassung hinaus interpersonelle soziale Aktivitäten mit Veränderungswirkungen als Faktoren eines Gesamtzusammenhangs zu betrachten, der wiederum die historisch entstandenen und damit auch sich verändernden Verhältnisse einer Gesellschaft bezeichnet. Einen Schritt in diese Richtung unternehmen historische und materialistische Ansätze der gesellschaftlichen Entwicklung.

2.2 Gesellschaftliche Veränderung als Kernproblem der Erkenntnistätigkeit

Machen wir zunächst einmal unserem Erstaunen Luft: Da gibt es eine spezielle Soziologie des sozialen Wandels seit annähernd 70 Jahren mit einer Unzahl wissenschaftlicher Publikationen, die vornehmlich aus dem Grund zu kurz greifen sollen, weil sie Gesellschaft nicht oder nicht genügend zum Bezugspunkt ihrer Theoriebildung machen? Schwer verständlich, so scheint es, und dennoch vielfach Realität: Nicht Gesellschaft als Zusammenhang von Status und Rollen, als Funktionssystem von Normen, auch nicht Gesellschaft als passiv erlebende Umwelt zum System (Luhmann) oder Ähnliches steht hier in Rede – solche theoretischen Verfahren reduzieren soziale Erscheinungen der Veränderung auf zwischenmenschliche Aktionen oder binden interpersonelle und gesellschaftliche Aktivitäten an vorgegebene Binnenstrukturen und Umweltbedingungen –, gemeint ist vielmehr ein Gesellschaftsverständnis, das die vorgefundenen natürlichen Gegebenheiten ebenso einschließlich wie die Bedingungen der materiellen Produktion und wesentliche Elemente wie Normensystem, Wertekomplexe, zwischenmenschliche Beziehungen.

Anders formuliert: Nicht ein Ausschnitt von Gesellschaft, sondern das Gesamt aller ihrer, in Wechselwirkung zueinanderstehender Dimensionen bildet den Schlüssel für angemessene Analysen von Veränderungen gesellschaftlichen Ausmaßes. Mit der *Erweiterung* des Gesellschaftsverständnisses und der Hervorhebung der materiellen Produktion (vgl. Hofmann 1969) liegt es in unserer Absicht, benannte Mängel in einer Perspektive aufzunehmen, die die bundesdeutsche Soziologie seit Anfang der 70er Jahre zunehmend beschäftigt und für unseren Zusammenhang überaus wichtig ist: Das Verhältnis von Handlungen zu Strukturen.

Dieses Thema steht auch im Zentrum der Anmerkungen Brandts zum Stand gesellschaftlicher Analysen. Interessiert an einer Theorie der Industrialisierung der Länder der Dritten Welt, findet der Autor die Bausteine dafür in den „konkurrierenden" Modernisierungstheorien einerseits, vor allem der politischen Prägung (Almond u.a.) sowie der sozialen Mobilisierung (Hagen u.a.), und der an Marx gewonnenen Theorie von Baran 1957 andererseits. Beiden Ansätzen jedoch wirft Brandt vor, jeweils wichtige Entwicklungsaspekte aus den Augen zu verlieren. Während die Modernisierungstheorien in ihrer ausschließlichen Beschäftigung mit den mormativen Bindungen sozialen Handelns materielle Faktoren unberücksichtigt lassen, verzichte die andere Seite auf eine systematische Untersuchung von Verhaltensorientierungen als „integrierender" Teil einer Entwicklungstheorie. Diese Schwächen möchte Brandt im Rahmen einer historisch gerichteten Theorie der industriellen Entwicklung überwinden, für die es allerdings gegenwärtig lediglich „einige Hinweise" gebe: Zentral ist die kategoriale Unterscheidung von instrumentellem Handeln und symbolisch vermittelter Interaktion durch Habermas 1968. Von daher erscheint es Brandt möglich, Entwicklungsvorgänge im Hinblick auf die Lösung ökonomischer Wachstumsprobleme und die Auflösung von institutionalisierten Zwängen zu erforschen. Zwar ist dieser Theorievorschlag auf die Problematik der Dritten Welt begrenzt und entzieht sich in seinem jetzigen embryonalen Zustand der Kritik, dennoch ist er Ausdruck der Überzeugung, soziale Veränderung in der „totalen" gesellschaftlichen Perspektive und in Verbindung mit *emanzipatorischen* Absichten diskutieren zu müssen.

War bereits Tjaden im Anschluß an seine begriffsgeschichtliche Untersuchung zum sozialen Wandel davon überzeugt, die Soziologie werde „nicht umhin können, die Theorie gesellschaftlicher Entwicklung in der Dialektik von gesellschaftlichen Produktionsverhältnissen, Produktivkräften und Überbauverhältnissen zu begründen" (1972, Vorwort); hatte selbst Schäfers als Verfechter einer speziellen Soziologie des Wandels den Anspruch anerkannt, „Gesellschaft als objektiven Zusammenhang und Bezugspunkt der Einzelanalyse berücksichtigen zu müssen" (1976, S. 12), so läuft auch Brandts Theorievorschlag darauf hinaus, Elemente der Theorie von Marx und Engels in die Analyse einzubeziehen. Denn: Trotz der deutlichen Kritik an Baran entsprechen die in Brandts Vorüberlegungen enthaltenen Ebenen (geschichtliche Perspektive, Betonung der wirtschaftlichen Verhältnisse, emanzipatorisches Interesse) in wesentlichen Teilen der historisch-materialistischen Entwicklungstheorie, wie sie Krysmanski/Tjaden 1977 präzisiert haben. Gehen wir kurz darauf ein.

In ihrer Einführung schreiben Krysmanski/Tjaden: „Der Historische Materialismus ist keine Theorie des sozialen Wandels im üblichen Sinne, sondern eine Theorie der Veränderung. Er bietet eine umfassende Theorie der Entwicklung menschlicher Vergesellschaftung, des Formwandels von Gesellschaft sowie der inneren Bewegung gesellschaftlicher Systeme in der Absicht, Ursachen von Mühsal, Hunger, Knechtschaft und Erniedrigung im jeweiligen gesellschaftlichen Leben zu erkennen und *zu beseitigen.* Was die akademische Soziologie mit dem Begriff sozialer Wandel bezeichnen will, ist in diese Betrachtung einbezogen" (1976, S. 1, meine Hervorhebung). Ausgangspunkt dieses Theoriekonzepts ist die je spezifische und historische Form des Systems der materiellen Existenzsicherung, die ökonomische Gesellschaftsformation. Diese wiederum bezeichnet die jeweiligen umfassenden gesellschaftlichen Verhältnisse (Ökonomie, Technik, Politik, Kultur, Sozialbeziehungen etc.), welche die Menschen durch praktische gesellschaftliche Arbeitstätigkeit hervorgebracht haben. Die gesellschaftlichen Verhältnisse werden entscheidend geprägt durch eine bestimmte ökonomische Struktur, d.h. durch materielle Produktionsverhältnisse, die dem jeweiligen Entwicklungsstand der Produktivkräfte (Mensch, Wissenschaft, Technologie, Produktionsorganisation) entsprechen. Vor diesem Hintergrund gilt:

a) Gesellschaftliche Entwicklung in der Geschichte der Menschheit ist das Ergebnis ungleichmäßiger und unstetiger Entfaltung menschlicher Vergesellschaftung, d.h. in der Auseinandersetzung mit der außermenschlichen Natur durch zweckgerichtete gesellschaftliche Arbeit gelingt es den Menschen mehr und mehr, ihr Wissen über natürliche Prozesse, über objektive Gesetze usf. zu vervollkommen und ihr Vermögen zu steigern, natürliche Kräfte zu beherrschen und für ihre Zwecke einzusetzen. Das jeweils vorherrschende System der materiellen gesellschaftlichen Produktion mit einer spezifischen Produktionsweise (z.B. der kapitalistischen in der Bundesrepublik) ist Ausdruck des Grads von Naturaneignung und Naturkontrolle.
b) Von daher sind Veränderungsprozesse in gesellschaftlichen Bereichen (Produktion, Technik, Sozialstruktur, politisches System, Wertsystem u.a.) Teil des allgemeinen Vergesellschaftungsprozesses, „welcher soziale Wirklichkeit konstituiert" (Krysmanski/Tjaden, S. 4). Das bedeutet: Diese Veränderungen können nicht als selbständige, von den ökonomischen Bedingungen unabhängige Vorgänge begriffen werden, sondern sie sind jeweils in Bezug zu setzen zu der gegebenen historisch bestimmten Form der gesellschaftlichen Verhältnisse. Das betrifft auch Handlungen und Verhaltensweisen von Gruppen, Individuen und Kollektiven; ihre Aktivitäten vollziehen sich im und als „Ensemble gesellschaftlicher Verhältnisse" (Marx).

c) Damit distanziert sich dieser Ansatz von Theorien des sozialen Wandels in zwei entscheidenden Punkten. Zum einen müssen auch Teilphänomene (z.B. technischer Wandel) im Zusammenhang des Systems der materiellen Produktion erforscht werden; zum andern und damit verbunden wird die in der Soziologie vorherrschende Praxis, gesellschaftliche Veränderungen aus bereits formulierten Resultaten des Handels und Verhaltens oder aus Vorwegnahmen der Ergebnisse des Systemwandels zu erklären, obsolet und kann den Autoren zufolge „allenfalls ein nachgeordneter Schritt" (S. 4) der Untersuchung sein.
d) Was sich bei Brandt tendenziell andeutete, wird hier Realität: Gesellschaftliche Veränderung ist nicht länger Gegenstand einer *Spezial*disziplin der Soziologie, sondern Hauptbezugspunkt sozialwissenschaftlicher Erkenntnis.

Die Kritik an der historisch-materialistischen Entwicklungstheorie konzentriert sich auf drei eng miteinander verknüpfte Gesichtspunkte. Erstens richtet sie sich gegen den Versuch, Gesetzmäßigkeiten der gesellschaftlichen Entwicklung abzuleiten. Zweitens wendet sie sich gegen eine Überbetonung der Ökonomie und drittens bemängelt sie die Vernachlässigung normativ bestimmter Verhaltensorientierungen. Es ist nicht unsere Aufgabe, dezidiert auf diese Kritikpunkte zu antworten, deshalb nur einige Anmerkungen: Während der erste Punkt nach wie vor scharf und kontrovers in der Soziologie diskutiert wird, hat Engels selbst in seinem Brief an Joseph Bloch vom 21. September 1890 den zweiten Kritikpunkt aufgenommen und sich gegen diesen Vorwurf verwahrt, stattdessen die Wechselbeziehungen zwischen Produktion und dem Überbau (Kultur, Werte usf.) besonders hervorgehoben (vgl. Marx/Engels 1967). Dem dirtten Punkt dagegen stimmen zunehmend mehr materialistische Theoretiker zu (vgl. Berger, Krysmanski 1971) und bemühen sich um eine angemessene Berücksichtigung dieser Seite des Eintwicklungsprozesses.

Trotz dieser ernstzunehmenden Kritik besteht kein Zweifel an der Relevanz der historisch-materialistischen Theorie für die Analyse und Veränderung sozialer Wirklichkeit. In der Bundesrepublik haben sich für diesen Sachverhalt gegenwärtig zwei Ausdrucksformen herausgeschält, nämlich im allgemeinen die wissenschaftslogische Selbstreflexion der Soziologie und die Theorievergleiche seit dem Kongreß in Kassel, im besonderen die Publikationen zum Gegenstand während der letzten 10 Jahre. Es besteht also Veranlassung, in der Präzisierung unserer Vorstellungen diesen Ansatz angemessen zu berücksichtigen, zumal eingedenk der erheblichen Schwierigkeiten der Theorien sozialen Wandels. Zuvor jedoch noch einige kurze zusammenfassende Bemerkungen zum Untersuchungsgegenstand.

2.3 Zum Verhältnis von Wandel, Veränderung und Entwicklung

In der Soziologie herrscht vielfach die Auffassung vor, auf Begriffsklärungen verzichten zu können, sofern der *gängige Sprachgebrauch* Hinweise auf eine eindeutige Verwendung bestimmter Wörter gebe (so z.B. Lindner 1972). Das scheint für unseren Themenbereich zuzutreffen: Wandel, Veränderung und Entwicklung zählen zum Vokabular aller relevanten Theorien und signalisieren Übereinkunft, oder? Erinnern wir uns: Krysmanski/Tjaden verweisen darauf, „ihre" Entwicklungstheorie sei keine Theorie des Wandels im üblichen Sinn, sondern eine Theorie der Veränderung; in der Folge taucht der Begriff Wandel kaum noch auf. Aber auch Brandts Theorievorschlag legt eine gewisse Reserviertheit gegenüber der Verwendung von „Wandel" an den Tag, die merkwürdig erscheint. Ist das Zufall oder hat diese Begriffsabstinenz Methode? Das zu entscheiden bedarf grundsätzlicher Überlegungen (vgl. dazu Jäger 1977, S. 12 f.).

Das Argument, Begriffsklärungen seien aus Gründen *sprachlicher* Übereinkunft notwendig, legt Fallen. Es versäumt darauf hinzuweisen, daß Begriffe versuchen, relevante Aspekte der Realität festzuhalten, die historisch entstanden und somit auch veränderbar ist. Entsprechend sind auch gesellschaftliche Kategorien an die Zeit und Gesellschaft gebunden, in ihren Anwendungen und in ihrem Aussagegehalt auf die spezifische Realität zugeschnitten. Die Betonung der historischen Dimension in der Begriffsbildung impliziert das Erfordernis einer genauen Untersuchung des betreffenden Gesellschaftssystems; allein auf diesem Weg kann vermieden werden, relevante Probleme vom gesamtgesellschaftlichen Zusammenhang losgelöst zu betrachten und anhand äußerer, oberflächlicher Gemeinsamkeiten bzw. Ähnlichkeiten auch für andere historisch-gesellschaftliche Lagen erklären zu wollen. Versuchen wir mit der hier vertretenen methodologischen Position – eine unterschiedliche Art der Begriffsbildung stellt Max Weber Idealtypus im Sinne einer gedanklichen Steigerung bestimmter Elemente der Wirklichkeit dar – dem Verhältnis von Wandek, Veränderung und Entwicklung auf die Spur zu kommen.

In der speziellen *Soziologie des sozialen Wandels* bezeichnet Wandel die Veränderung sozialer Strukturen in der Gesellschaft. Dieses Verständnis wird häufig auch dem Begriff Entwicklung zugrundegelegt, so daß Wandel und Entwicklung synonym verwendet werden (z.B. Funk-Kolleg 1975, Zapf 1969). Veränderung sozialer Strukturen in „modernen" Gesellschaften bedeutet im Prinzip zunächst die Anerkennung des vorgegebenen gesellschaftlichen Bezugsrahmens, nämlich die Anerkennung der kapitalistischen Gesellschaft, die grundsätzlich als „gut" und des Grundkonflikts von Kapital und Arbeit enthoben gilt; des weiteren dann die Veränderung gesellschaftsimmanenter Strukturen zur Steigerung gesamtgesellschaftlicher Problemlösungspotentiale im kapitalistischen Rahmen (vgl. z.B. den Bericht der Kommision für wirtschaftlichen und sozialen Wandel, die Möglichkeiten aufzeigen sollte, „um im Rahmen einer *marktwirtschaftlichen Ordnung* ... Wandel in der deutschen Wirtschaft zu fördern und im Interesse der Bevölkerung zu gestalten", 1977, S. 4). Mit Blick auf die Länder der Dritten Welt zielt Wandel vor allem im Sinne von Modernisierung auf eine Zunahme der gesamtgesellschaftlichen Anpassungs- und Steuerungsleistungen mit dem Ziel des Übergangs von „traditionalen" zu „modernen", d.h. kapitalistischen Strukturen (vgl. Hörning 1976). Beiden Vorverständnissen entspricht die Analyse sozialen Wandels vor allem auf der Grundlage der Handlungs-, Verhaltens- und Interaktionstheorien, die auch in die Entwicklung systemtheoretischer Analysemodelle mit eingehen. Hinzu treten damit auch die obengenannten Schwierigkeiten.

Für die *historische,* vor allem aber die *historisch materialistische* Entwicklungstheorie ist gesellschaftliche Veränderung nicht Teildisziplin soziologischer Analyse, vielmehr Hauptgegenstand ihrer Erkenntnisarbeit. Beide erheben Anspruch auf praktische Veränderung der sozialen Wirklichkeit, erstere mit Blick auf ein (noch) nicht näher bestimmtes Industriesystem, frei von institutionalisierten Zwängen, letztere hinsichtlich der Aufhebung der kapitalistischen Produktionsweise schlechthin. Haupttriebkräfte gesellschaftlicher Veränderungen sind für beide vor allem die ökonomische Organisation in Verbindung mit Technologie und der Organisation der Arbeit, daneben aber auch normative Verhaltensorientierungen. Während die historisch orientierte Industrietheorie allein die Länder der Dritten Welt untersuchen will, beansprucht die historisch-materialistische Entwicklungstheorie darüber hinaus auch Relevanz für hochentwickelte Gesellschaften kapitalistischer oder sozialistischer Produktionsweise. Das scheint insofern berechtigt, als mit dem Begriff der ökonomischen Gesellschaftsformation die Voraussetzungen dafür geschaffen sind, Veränderungsprobleme in ihrer je spezifischen gesellschaftlichen und historischen Prägung angemessen zu diskutieren. Beide Ansätze stimmen zudem tendenziell in zwei weiteren Punkten überein: Entwicklung ist Ausdruck für qualitative Veränderungen in dem Sinne, daß sie auf nichtkapitalistische gesellschaftliche Verhältnisse zielen; Wandel dagegen, wenn er als Begriff überhaupt verwendet wird, bezieht sich anscheinend auf Veränderungsprozesse im Handeln und Verhalten von Individuen und Gruppen, jedoch immer in Verbindung mit den materiellen gesellschaftlichen Verhältnissen. Allerdings bedarf gerade dieser Aspekt weiterer systematischer Ausarbeitung (Hahn/Sandkühler 1980).

Aus all diesem geht hervor, daß die relative Distanz alternativer Ansätze zum Begriff Wandel wohl kaum zufällig ist. Es gibt demnach begründeten Anlaß zu der Vermutung, gesellschaftliche Wandlungsvorgänge, zumal in der Bundesrepublik, auf angemessene Weise eher mit den Kategorien Veränderungen und Entwicklung erfassen zu können. Unsere eigenen Überlegungen im nächsten Kapitel werden sich daran orientieren.

Zusammenfassung: Dieses Kapitel dient dem Vertrautwerden mit dem Untersuchungsgegenstand. Das geschieht mit Hilfe der eingangs formulierten Thesen von der innovativen und integrierenden Funktion des Wandlungsbegriffs im Rahmen der speziellen soziologischen Disziplin in drei Arbeitsschritten: Zunächst stehen Fragen nach dem Gegenstand der Veränderung, nach Abstraktionsniveau, Ursachen und Verlaufsform bzw. Ausmaß im Mittelpunkt der Diskussion. Daran schließt sich der Versuch an, das Meer von Theorien des Wandels zu ordnen. Schließlich konzentriert sich die Untersuchung auf die Aussagekraft der theoretischen Ansätze. Im Ergebnis treten dabei Schwächen hervor (Bezugspunkte, Gesellschaftsverständnis usw.), die eine spezielle Soziologie des sozialen Wandels in der gegenwärtigen Form kaum zu lösen in der Lage ist. Von daher rücken alternativ konzipierte Ansätze der Veränderung ins Zentrum des Interesses, die, soweit das im gegenwärtigen Stadium möglich ist, geprüft und eingeschätzt werden. Den Abschluß des Kapitels bildet der Versuch, das Verhältnis von Wandel, Veränderung und Entwicklung zusammenfassend zu bestimmen. Hier zeichnen sich gute Gründe für eine historisch ausgerichtete, gesamtgesellschaftliche Perspektive in der Erforschung von Wandel als Leitlinie der Überlegungen im folgenden Kapitel ab.

3 Überlegungen zur theoretischen Erklärung von Veränderungen gesellschaftlicher Wirklichkeit

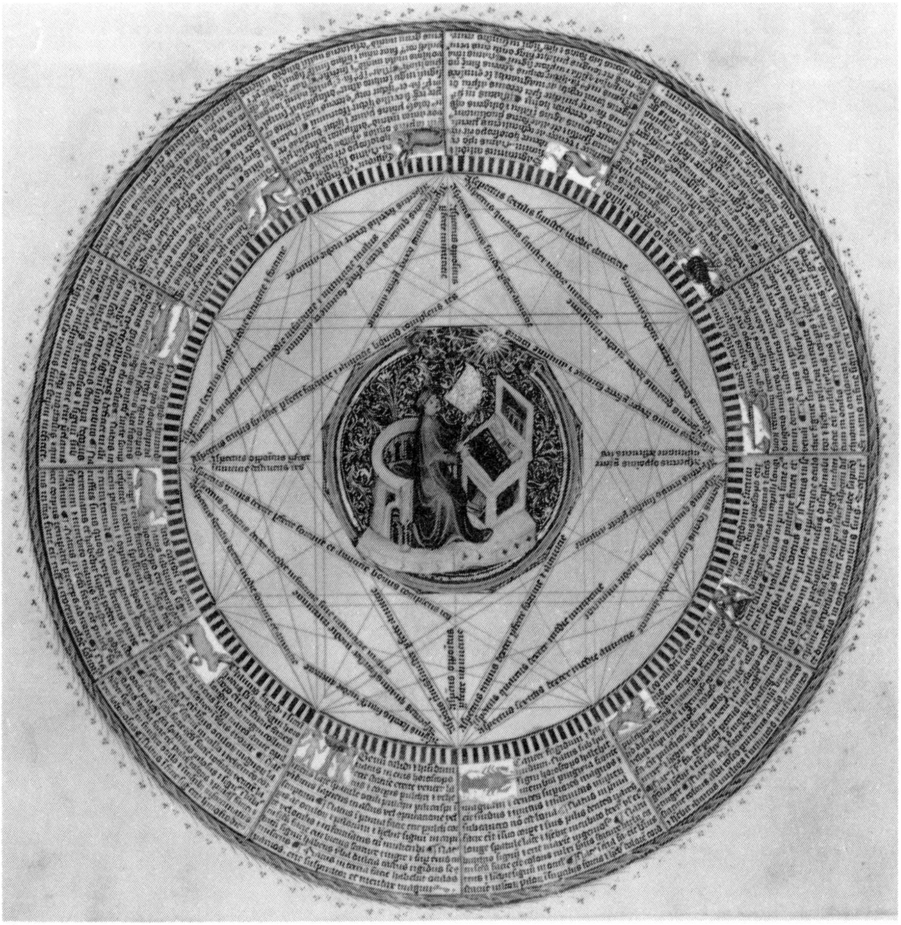

Der Hofastronom Terzysko im Tierkreis, Illustration aus der Astronomischen Handschrift Wenzels IV., Böhmen, nach 1400

Quelle: Bayerische Staatsbibliothek, München
in: Legner, A. (Hrsg.), a.a.O., S. 86.

Veränderungen von Gesellschaft zu erklären, erfordert die „Zusammensetzung des Kosmos, die Einwirkung der Planeten, die diversen Beziehungen zwischen Tierkreis und Planeten, das System der Aspekte und ähnliches mehr" (Dieckhoff, a.a.O., S. 83) zu berücksichtigen, wie es das Kreis-Schemata auf den einleitenden Blättern der Münchener Wenzelhandschrift veranschaulicht.

Machen wir uns keine Illusionen: Die Frage „Was treibt Gesellschaft voran?" bleibt auf dem gegenwärtigen Diskussionsstand nur unzureichend beantwortet, zumal das Verhältnis von normativen Bedingungen und materiellen Faktoren, von Handlungen zu Strukturen als Zentralthema einer Theorie der Veränderung und Entwicklung weitgehend ungeklärt ist. Allerdings zeichnet sich in der Auseinandersetzung mit den Theorien sozialen Wandels und alternativen Konzeptionen der Weg ab, welcher – wenn auch vielfach noch unsicher begangen (vgl. Tjaden 1977) – zu einer Problemlösung führen kann, nämlich Veränderungsprozesse in einer geschichtlich-gesamtgesellschaftlichen, die materielle Tätigkeit der Menschen betonenden Perspektive aufzunehmen und zu untersuchen.

Die folgenden Überlegungen bewegen sich in dieser Richtung. Theoretisch bescheiden im Anspruch, da die Kernprobleme einer Entwicklungstheorie wohl nur interdisziplinär, also auf der Grundlage eines geplanten und rationalen Zusammenwirkens aller entwicklungsrelevanten Wissenschaften gelöst werden können, suchen sie nach Möglichkeiten einer im Ansatz „richtigen" Erklärung von Wandlungsvorgängen vor allem in Gesellschaften kapitalistischer Prägung. In der Absicht, Handlungs- wie Strukturzusammenhänge gleichermaßen zu beachten, knüpfen wir zunächst an konflikt- und herrschaftstheoretische Arbeiten zum sozialen Wandel an. Sie markieren innerhalb der Theorien des Wandels ein gegenwärtig kaum übertroffenes theoretisches Niveau und bedürfen daher besonderer Aufmerksamkeit. Ihnen liegt die Annahme zugrunde, daß für die historische Entwicklung von Gesellschaften soziale Konflikte innerhalb und zwischen sozialen Gruppen von wesentlicher Bedeutung sind, vor allem im Hinblick auf die Entwicklung und Stabilisierung von Beziehungen. In der Kritik und Erweiterung dieses Verständnisses zugunsten einer allgemeineren Beziehung von Systemstrukturen und Systemproblemen werden die Voraussetzungen dafür geschaffen, gesellschaftliche Veränderungen in den Prozeß menschlicher Vergesellschaftung, d.h. in das Verhältnis von arbeitenden Menschen und bearbeiteter Natur einzuordnen und zu untersuchen.

3.1 Sozialer Konflikt und Problemlösungsprozesse

Konflikte haben dem funktionalistischen Modell von Coser 1965 wie auch seinem Kritiker Dahrendorf 1969 zufolge die Eigenschaft, sozial produktiv zu sein: Sie garantieren die Weiterentwicklung gesellschaftlicher Beziehungen und bestimmen damit wesentliche gesellschaftliche Veränderungen. Im Überschwang dieser allgemein positiven sozialen Wirkungen des Konflikts vor allem für „pluralistische Industriegesellschaften" reduziert sich die Konfliktgenese allerdings auf zwei unbelegte Behauptungen. Zum einen stellen Konflikte Folgen des wissenschaftlich-technischen und industriellen Reifegrads dieser Gesellschaftssysteme dar (vgl. Burrichter 1973), zum anderen ist die Pluralität von politischen Parteien, Verbänden und Gruppen mit unterschiedlichen Werten und Zielen in sich selbst konfliktträchtig, so daß Konflikt schlechthin zum wesentlichen Element der Industriegesellschaften stilisiert wird. Das wiederum hat die Ausrichtung auf Gesichtspunkte der Konfliktregelung zur Folge, die im Sinne einer „fairen Auseinandersetzung" der gesellschaftlichen Kräfte eine *geregelte* Veränderung des Systems, als einen „Wandel in Ordnung" (Papcke) ermöglichen soll.

Und eben diese Absicht bestimmt Cosers wie Dahrendorfs Konfliktansatz. Während ersterer Konflikte institutionalisieren will, richtet letzterer sein Interesse auf die Lösung bzw. Regelung von Konflikten und macht sich so ebenfalls die für den Funktionalismus typische Denkfigur der Überführung von Unordnung, Ungeregeltheit etc. in Ordnung, Struktur und Regelung zu eigen (vgl. Krysmanski 1971, S. 139). Unter diesen Vorzeichen entwickeln Coser und Dahrendorf einen Konfliktbegriff, der den Erfordernissen einer so verstandenen Konfliktforschung Rechnung trägt. Während für Coser soziale Konflikte Kämpfe um knappe soziale Werte und Ressourcen bezeichnen, deren Auswirkungen gesellschaftliche Veränderungen hervorrufen können, ist Dahrendorfs Konfliktbegriff – alle strukturell erzeugten Gegensatzbeziehungen von Normen und Erwartungen, Institutionen und Gruppen sind Konflikte – scheinbar differenzierter; das ist vor dem Hintergrund der postulierten „ärgerlichen Tatsache der Gesellschaft" zu erläutern.

Dahrendorf vertritt die Auffassung, Gesellschaft befinde sich in einem stabilen Gleichgewicht, in welchem sich ihre einzelnen Teile gegeneinander bewegen mit der Tendenz, den bestehenden Zustand zu überwinden. Grundlegender Sachverhalt von Gesellschaft sei die Ungleichheit in der Verteilung der Lebenschancen, der knappen Güter, wobei die ungleiche Verteilung durch Herrschaft (im Sinne Max Webers als ein Über- und Unterordnungsverhältnis begriffen) und durch Internalisierung von Legitimationsideologien aufrechterhalten wird, aber dennoch dauernd Gegenstand von Koflikten ist. Mit Coser stimmt Dahrendorf also darin überein, daß Konflikte (wichtigster strukturell erzeugter Konflikt ist der Herrschaftskonflikt) soziale Güter zum Thema haben, deren Knappheit strukturell vorgegeben ist. Objekt des Konflikts ist die Verteilungsstruktur; Konflikt entsteht also aus einem ungelösten Verteilungsproblem. Diese alleinige Ausrichtung auf Verteilungskonflikt impliziert, Konflikt nicht als eine Variante, sondern als *den* sozialen Konflikt schlechthin zu betrachten. Damit greift Dahrendorf ein für gesellschaftliche Veränderungen zweifellos wichtiges Problem auf, übersieht jedoch, daß die Zuweisung von Chancen individueller Bedürfnisbefriedigung zwar ein zentrales, jedoch nicht das einzige Systemproblem repräsentiert, welches durch Strukturbildung gelöst werden muß. Die Beschneidung der Konfliktperspektive auf Verteilungsprobleme ist daher durch eine allgemeinere Beziehung von Gesellschaftsstrukturen und gesellschaftlichen Problemen zu ersetzen. Nur unter dieser Voraussetzung ist eine Theorie der Veränderung auf der Basis sozialer Konflikte möglich, weil in dieser Beziehung einmal die sozialen Bedingungen der Produktion, auf deren Grundlage Probleme der Verteilung gesellschaftliche Produkte erst entschieden werden, und weiterhin der Bereich der Werte als mit der Produktionsweise in Wechselbeziehung stehend thematisiert werden kann. In das Zentrum der soziologischen Konflikttheorie als Theorie sozialer Veränderung rückt damit neben das Interesse an Konfliktregelung die Frage nach der Konfliktgenese und ihren Folgen. Dieser Aufgabe haben sich insbesondere Lockwood 1969 und Krysmanski 1971 gewidmet; da letzterer einen breit angelegten Entwurf einer Soziologie des Konflikts vorstellt, der Veränderungsgesichtspunkte aufnimmt, soll er uns im folgenden beschäftigen (vgl. dazu auch Jäger 1977, S. 50 ff.).

Die Beziehung zwischen historischem Subjekt (gemeinsame geschichtliche Erfahrung der Konflikthandelnden) und historischem Objekt (Interobjektivität der Konfliktsituation) setzt Krysmanski zum Grundbaustein sozialen Konflikts; die einfachste Form dieser Beziehung ist die Relation zwischen Leistung (zur Selbsterhaltung und Selbstverwirklichung des Menschen) und Problem (im Sinn einer Erscheinungsform historischer Objektivität). Die Vermittlung von subjektiven Leistungen und objektiven Problemen findet in Problemlösungsaktivitäten ihren Ausdruck; dabei handelt es sich zunächst noch um konfliktfreie Handlungsprozesse, etwa in Gestalt von Lösungen subjektiver alltäglicher Probleme. Sofern die Lösung eines Problems soziale Interaktion erfordert, in welcher das Subjekt die Problemlösungsaktivitäten anderer Subjekte kennenlernt und zudem feststellt, daß diese Aktivitäten der eigenen Problemlösungsvorstellung zwar *ähneln*, jedoch nicht mit ihr identisch sind, tritt das Phänomen sozialen Konflikts auf: „Wenn ... unter der Bedingung des existentiellen Interesses Handelnde in einer sozialen Interaktion die Differenz ihrer Problemlösungsaktivitäten zum Thema der Interaktion machen, entsteht sozialer Konflikt“ (Krysmanski 1971, S. 26). In diesem Zusammenhang differenziert Krysmanski folgende mögliche, hierarchisch geordnete Leistungen und Probleme:

1. Reproduktionsleistungen	a. Überlebungsprobleme
2. Kombinationsleistungen	b. Bedürfnis- u. Interessenwidersprüche
3. Kommunikationsleistungen	c. Kommunikationsprobleme
4. Kontrolleistungen	d. Systemspannungen
5. Reflektionsleistungen	e. Sinnprobleme
6. Produktionsleistungen	f. Produktionsprobleme

Dabei repräsentieren die verschiedenen Leistungen Stufen der subjektiven Leistungsfähigkeit, während die unterschiedlichen Probleme eine Abfolge objektiver Dringlichkeit bezeichnen, d.h. der Lösung aller anderen Probleme geht diejenige des Überlebensproblems voraus.

Nach und nach werden alle aktuellen Probleme durch jeweils angemessene Leistungen gelöst, also durch die Kombination a/1, b/2, c/3, d/4 usf. Diese Prozesse könnten sich auf der Grundlage des Geleisteten wiederholen, als a'/1', b'/2', c'/3' usf. Nehmen wir als Beispiel das Katastrophen- und Unfallgeschehen als Überlebensproblem: Zunächst ist es in einer konkreten historischen Gesellschaft in der Weise gelöst, wie es die gesellschaftlich verfügbaren Problemlösungsmöglichkeiten zulassen. Entwickelt sich die Gesellschaft voran und wächst damit ihr Lösungspotential, wiederholt sich auf der Basis des Geleisteten dieser gesellschaftliche Problemlösungsvorgang: Die Kombination f/6 (Produktionsproblem und Produktionsleistung), welche erst aufgrund einer historisch „angemessenen" Behandlung des Überlebensproblems durch die Kombination a/1 (Überlebensproblem und Reproduktionsleistung) gesellschaftlich verwirklicht werden kann, schlägt in die Kombination a'/1' um, d.h. in ein Überlebensproblem *neuerer Qualität* und kommt damit einer „endgültigen" Lösung des Katastrophen- und Unfallproblems näher (vgl. Jäger 1977, S. 72 f.).

Zurück zu Krysmanskis Überlegungen. Der Konflikt aufgrund ähnlicher Problemlösungsaktivitäten läßt sich als derjenige begreifen, der in erster Linie die *Adäquanz*, die „historische Richtigkeit" einer Problemlösungsaktivität prüft, so daß gilt:

„Wären alle Subjekte in gleicher Weise an ihren jeweiligen Problemlösungsaktivitäten interessiert, gäbe es also eine gleichmäßige, sozusagen nach 'vorn' gerichtete Intensität der Problemlösungen, so würden konfliktuelle Interaktionen unter den jeweiligen konkreten historischen Umständen zu den jeweils 'besten', adäquaten Lösungen ... führen. Wir hätten eine 'Konfliktgesellschaft' vor uns, in der alle Mitglieder, obgleich untereinander in konstruktivem Konflikt, am gleichen Strang zögen. Es wäre eine *herrschaftsfreie* Gesellschaft" (Krysmanski 1971, S. 31 f.; Hervorhebung im Original).

Darüber hinaus entstehen Konflikte, die im Ausgangspunkt und in der Orientierung nicht durch den Begriff der Adäquanz zu beschreiben sind. Ihnen liegt die Vorstellung zugrunde, daß die zur Lösung eines Problems eingesetzten Handlungsenergien nicht mehr direkt auf die gesellschaftliche Ursache des Problems gerichtet sind (adäquate Lösungsaktivität durch Tätigkeit), sondern eine Problemlösung auf andere Weise anstreben, z.B. durch die Wendung der Energien gegen andere (nichtadäquate, *äquivalente* Lösungsaktivität durch Gewalt). In allen diesen Fällen beeinflußt ein zusätzlicher Faktor den gesamtgesellschaftlichen Problemlösungsprozeß, nämlich Herrschaft.

Herrschaft im Sinne Max Webers als Über- und Unterordnungsverhältnis gefaßt ermöglicht das Angebot und die Durchsetzung äquivalenter Problemlösungen, obwohl eindeutige, adäquate Lösungen verwirklicht werden könnten. Auf diese Weise wird zwar das eigentliche Problem mittels der adäquaten Lösung aus der Welt geschafft, doch bleibt es im Sinne der historischen „Richtigkeit", der historisch-gesellschaftlichen Adäquanz ungelöst und damit letztlich existent. Die von Herrschaft geprägte Problemlösungsstruktur hat eine „Affinität" zu Scheinlösungen.

„Als 'Herrschende' können diejenigen bezeichnet werden, die angesichts bestimmter (gesamtgesellschaftlich relevanter) Probleme unbestimmte (äquivalente) Problemlösungen anbieten und sie in Konflikten als verbindliche Lösungsstrukturen durchsetzen. 'Herrschende' verfügen über Apparate (Organisationen) *möglicher* Problemlösung, sie sind deshalb auf die Möglichkeit eindeutiger Problemlösungen nicht angewiesen" (Krysmanski 1971, S. 33, Hervorhebung im Original).

Anders die Lage der „Beherrschten". Ihnen steht zu der unter den jeweiligen Umständen eindeutigen adäquaten Problemlösung keine Alternative zur Verfügung, sie sind diejenigen,

„die sich sozusagen von einer 'begrenzt' richtigen Problemlösung zur nächsten entlanghandeln müssen; denen Apparat und Überblick fehlen. Die 'Beherrschten' leisten folglich von Tag zu Tag das auf jeden Fall gesamtgesellschaftlich Notwendige und Richtige; die Problemlösungsstruktur als Äquivalenzstruktur ist ihnen fremd. Die 'Herrschenden' hingegen können, weil sie über von 'Sachnotwendigkeiten' freie Handlungsenergie (Macht) verfügen, die gesamtgesellschaftlich möglichen Problemlösungen zu einer besonderen Äquivalenzstruktur verzerren, in der adäquate Problemlösungen als unwesentlich, äquivalente ... als wesentlich erscheinen. Eine so verzerrte Problemlösungsstruktur, die dem Ausgang von Konflikten von der Feststellung adäquater Problemlösungen dissoziiert, kann als *Herrschaftsstruktur* bezeichnet werden" (ebenda, Hervorhebung im Original).

Kurz: „Herrschenden" steht für jedes Problem ein Bündel äquivalenter Lösungen zur Verfügung, die Adäquanz spielt eine untergeordnete bzw. keine Rolle; sie können sich daher bei der Problemlösung auf Kosten anderer und ohne Schaden für sich selbst durchsetzen. „Beherrschten" dagegen ist der Zugang zu äquivalenten Lösungen unter den gegebenen sozialen Verhältnissen versperrt; sie befinden sich in der Zwangslage, von der Adäquanz ihrer Leistungen abhängig zu sein. Für unseren Zweck sind zudem folgende Aspekte bedeutsam:

a) Herrschaft, also die Durchsetzung äquivalenter Problemlösungen, realisiert sich in Organisationen. In ihnen laufen Krysmanski zufolge Prozesse der Manipulation des gesellschaftlichen Bewußtseins ab, und zwar dergestalt, daß „die Organisation als Markt der Problemlösung (erscheint), auf den das (individuelle) Bewußtsein von der Adäquanz einzelner Leistungen in das (allgemeine) Bewußtsein von der Äquivalenz aller Leistungen umgewandelt wird“ (S. 35). Dieses Bewußtsein ist so lange falsches Bewußtsein, wie nicht in der Äquivalenzstruktur die Umsetzungsvorgänge von Adäquanz zu Äquivalenz, d.h. die Bedingungen der Erhaltung der Äquivalenzstruktur reflektiert werden.
b) Nicht jede Äquivalenzstruktur ist also von vornherein durch Herrschaft geprägt. Luhmann z.B. hat darauf verwiesen, daß wichtige Beiträge zur Systemerhaltung durch Leistungen erbracht werden, die ersetzbar sind durch andere „funktional äquivalente“ Leistungen. Damit verbinden sich jedoch zwei Schwierigkeiten. Erstens lenkt der Rückgriff auf funktionale Äquivalenz das Interesse von der Frage nach der historischen „Richtigkeit“ ab und kann so zu Erhalt von Herrschaftsverhältnissen beitragen. Zweitens vernachlässigt die Konzentration auf funktionale Äquivalenz die Gefahr, daß sich ursprünglich funktional äquivalente Lösungen zu nichtadäquaten Problemlösungen wandeln können – unter der Voraussetzung nämlich, daß infolge der vom Problemkern abgleitenden Handlungsenergien eine auf Herrschaft gegründete Problemlösungsstruktur nicht nur das „einmalige“ Problem behandelt, sondern auch die Folgeprobleme mit der ihr eigenen Spezifik angeht.

Beziehen wir die differierenden Problemlösungsaktivitäten und die auf ihnen beruhenden sozialen Konflikte auf den Zusammenhang von Gesellschaft, Konflikt und Veränderung, so ergibt sich:

1. Konflikt auf der Grundlage herrschaftsfreier adäquater Problemlösung bzw. äquivalenter Lösung, deren Bedingungen „durchsichtig“ bleiben, respektiert die von allen Gesellschaftsmitgliedern gesetzten Grundelemente der sozialen Ordnung (Bedingungen der Produktion, gesellschaftliche Rollen und Funktionsteilung, Verteilung der gesellschaftlichen Produkte). Diesen Konflikt stellt Krysmanski als *Veränderungskonflikt* vor, der zwar gesamtgesellschaftlich relevant, jedoch ohne gesellschaftlich umwälzenden Charakter ist. Diesem Veränderungskonflikt entspricht eine Problemlösungsstruktur, welche der Autor beispielsweise in dem Begriff der „sozialistischen Gemeinschaftsarbeit“ wiederfindet. Sie ist durch bewußte, schöpferische Tätigkeit der Menschen im Zuge des ökonomischen, wissen-

schaftlich-technischen und sozialen Fortschritts charakterisiert (vgl. Krysmanski 1971, S. 107).

2. Im Fall des *Konflikts* auf der Grundlage äquivalenter Problemlösung mit *latentem Herrschaftscharakter*, d.h. auf der Basis von Lösungen, die durch Herrschaftseinfluß zustandekommen, sind die von den „Herrschenden" gesetzten gesellschaftlichen Grundbedingungen ebenfalls nicht Konfliktthema, da die Manipulation des gesellschaftlichen Bewußtseins durch komplexe Organisationen die tatsächliche Differenz der Problemlösungsaktivitäten verdeckt. Eine Veränderung der gegebenen Gesellschaft vollzieht sich partiell, vor allem unter der Voraussetzung, daß die etablierte Ordnung, welche die umfassende Realisierung der herrschenden Interessen garantiert, ökonomischen und wissenschaftlich-technischen Fortschritten angepaßt werden muß. Gesellschaftliche Veränderungen dienen also primär der Absicherung des Bestehenden.

3. Schließlich resultieren Veränderungen aus antagonistischen Problemlösungen. Diese Form von Lösungsprozessen ist in der Konzeption von Krysmanski zwar nicht gesondert entwickelt, geht jedoch aus seinem Modell implizit hervor: Herrschaft wandelt den gesamtgesellschaftlichen Problemlösungsprozeß qualitativ durch den Übergang von der Adäquanz- zur Äquivalenzstruktur. Diese Qualitätsveränderung störungsfrei zu vollziehen obliegt, wie hervorgehoben, komplexen Organisationen durch Manipulation gesellschaftlichen Bewußtseins. Diese Aufgabe beinhaltet zugleich die Bedingung des Übergangs von der Äquivalenz in die Antagonismusstruktur. Gelingt es nämlich nicht oder nur im ungenügenden Maß, das Bewußtsein großer Teile der Bevölkerung fehlzuleiten, oder aber treten Agenten auf, die die Bedingungen von Herrschaft, den Gegensatz von allgemeinen und partikularen Interessen, von adäquaten und inadäquaten Problemlösungsaktivitäten öffentlich anprangern und so Prozesse einleiten, die eine Bewußtseinsveränderung zur Folge haben, entstehen Konflikte, in welchen die „Konfliktgegner als historische Subjekte ihre differenten Problemlösungsaktivitäten um die Richtung der Geschichte willen gegeneinandersetzen" (Krysmanski 1971, S. 176 f.).
   Dabei handelt es sich um Konflikte, deren Reichweite durch das Aufeinandertreffen grundsätzlich verschiedener (in keiner Weise ähnlicher) gesellschaftlicher Problemlösungsbemühungen bestimmt ist und deren Lösungen, sofern sie sich im Sinne der „Beherrschten" verwirklichen, das bestehende gesellschaftliche System von Grund auf umwandeln. Die Besonderheit dieses Konflikts liegt in der *antagonistischen,* nicht äquivalenten Differenz der Lösungsaktivitäten historischer Subjekte. Konflikt auf der Basis antagonistischer Problemlösung strebt als manifester Herrschaftskonflikt aus der Sicht der „Beherrschten" nicht eine teilweise Veränderung,

sondern die vollständige Überwindung der etablierten sozialen Ordnung an, deren konstitutive Elemente wie Produktionsbedingungen, Verteilungsstruktur, Wertekanon etc. als vor allem den „Herrschenden“ dienlich erkannt und verworfen werden. Über das Ausmaß und die Richtung der gesellschaftlichen Entwicklung entscheiden die den beiden Konfliktgruppen zur Verfügung stehenden Mittel.

Insgesamt betrachtet trägt Krysmanskis Konflikttheorie zweifellos zur Klärung des für eine wirklichkeitsnahe Theorie der Veränderung wichtigen Verhältnisse von Handlungen zu Strukturen in mancherlei Hinsicht bei. Die zentrale Position des historischen Subjekts, die Bindung von Problemen unterschiedlicher Qualität an konkret-historische Gesellschaften, damit die Hervorhebung ihrer Veränderbarkeit und Entwicklung, die Suche nach der historischen „Richtigkeit“ entsprechend dem gesamtgesellschaftlichen Problemlösungspotential, die Bedeutung des Faktors Herrschaft für die Ausbildung, Stabilisierung und Veränderung von Problemlösungsstrukturen u.a.m. sind Bausteine eben jenes noch zu erarbeitenden theoretischen Entwurfs. Das gilt umso mehr, als die zentrale Rolle der Veränderungs- und Herrschaftskonflikte die Frage nach den Ursachen nahelegt. Und das ist – für Karl Marx wie auch für Max Weber unstrittig – die Frage nach dem je spezifischen System der materiellen gesellschaftlichen Produktion, nach dem Arbeitsprozeß menschlicher Naturtätigkeit.

3.2 Menschliche Naturtätigkeit, Problemlösungspotentiale und gesellschaftlicher Fortschritt

In die Bestimmung unterschiedlicher Konfliktformen mit je spezifischen Veränderungsfolgen gehen Überlegungen ein, die im folgenden zu systematisieren und voranzutreiben sind. Wir beginnen mit der Erklärung jenes Sachverhalts, welchen Plessner die „exzentrische Positionalität“ des Menschen nennt, nämlich gleichermaßen Natur zu *sein* und Natur zu *haben.*

Daß der Mensch ein biologisches, stoffliches Wesen, höchstes Produkt der Natur ist, steht seit Darwin außer Zweifel. Im Verlauf der Naturgeschichte haben phylogenetische Prozeß Ergebnisse hervorgbracht, die den Übergang von Tier zum Menschen bestimmen: Aufrichtung des Körpers, zweifüßige Fortbewegung, freiverfügbare Vorderextremitäten, Entlastung des Gebißschädels und Vergrößerung des Gehirns (vgl. Holzer 1979, S. 195). In Verbindung mit höchsten tierischen Sozialorganisationen (Kooperationsformen) und günstigen Umweltbedingungen (Qualitäten des Savannen- und Steppenbiotops) waren die Voraussetzungen der Werkzeugherstellung und damit der materiellen Existenzsicherung geschaffen. Hier setzt Holzer die Entstehung von Gesellschaftlichkeit und gesellschaftlicher Entwicklung an (vgl. ebenda).

Als soziale Wesen bemächtigen sich die Menschen im Verlauf ihrer geschichtlichen Entwicklung zunehmend der Natur, wirken auf sie ein und werden nach Marx durch sie selbst verändert. Das geschieht durch *Arbeit.* Die Reproduktion (Erhaltung des Bestehenden) und Produktion (Erweiterung gesellschaftlicher Wirklichkeit) der Existenzbedingungen der Menschen vollziehen sich in dem Stoffwechselprozeß zwischen Mensch und Natur. Arbeit als bewußte und zweckgerichtete Tätigkeit des Menschen ist „zunächst ein Prozeß zwischen Mensch und Natur, ein Prozeß, worin der Mensch seinen Stoffwechsel mit der Natur durch seine eigne Tat vermittelt, regelt und kontrolliert. Er tritt dem Naturstoff selbst als eine Naturmacht gegenüber. Die seiner Leiblichkeit angehörigen Naturkräfte, Arme und Beine, Kopf und Hand setzt er in Bewegung, um sich den Naturstoff in einer für sein eigenes Leben brauchbaren Form anzueignen. Indem er durch diese Bewegung auf die Natur außer ihm wirkt und sie verändert, verändert er zugleich seine eigne Natur" (Marx/Engels Werke Bd. 23, S. 192). In diesem stofflichen Prozeß der Auseinandersetzung von Mensch und außermenschlicher Natur entfalten die Menschen ihre Macht über die Natur zum Zweck einer besseren Befriedigung ihrer produktiven und konsumtiven Bedürfnisse. Dabei bedienen sich die Menschen unterschiedlicher Kräfte, Mittel und Verfahren, die in ihrer Gesamtheit unter den Begriff der Produktivkräfte zusammengefaßt sind (vgl. z.B. Stiehler 1974). Sie umfassen zunächst die Arbeitskraft des Menschen mit seinen physischen und psychischen Kenntnissen, Fähigkeiten und Fertigkeiten; des weiteren die natürlichen Bedingungen der Arbeit, verstanden als geographisch-geologisches Milieu (Topographie, Verteilung der Bodenschätze); daneben die Arbeitsmittel (Werkzeuge, Maschinen, etc.) und Arbeitsgegenstände (Naturstoffe, Roh- und Hilfsstoffe) sowie die Arbeitsorganisation (Arbeitsteilung, Arbeitsplanung, Arbeitsvorbereitung, Leitung und Kontrolle). Schließlich tritt die Bedeutung des Faktors Wissenschaft hinzu, der in seinen Ausprägungen als Natur-, Technik- und Gesellschaftswissenschaft dazu beiträgt, den Produktionsprozeß rationeller zu gestalten, die Arbeitsproduktivität zu steigern, den Arbeitsaufwand zu verringern usf. und auf diese Weise eine höhere Bedürfnisbefriedigung zu erreichen.

Diese Kräfte, Mittel und Verfahren der Aneignung und Vermenschlichung außermenschlicher Natur bestimmen nun die materielle Grundlage einer Gesellschaft und wirken bis in die sozialen, politischen, kulturellen, rechtlichen etc. Beziehungen der Menschen in dieser Gesellschaft hinein. Zu berücksichtigen ist jedoch, daß diese Kräfte in der Menschheitsgeschichte Veränderungen unterliegen; sie werden zunehmend verbessert, ermöglichen die Entdeckung und Ausbildung neuer Kräfte, ihre Kombinationsfähigkeiten erweitern sich, m.a.W. die Qualität dieser menschlichen und dinglichen Kräfte nimmt zu. Das aber bedeutet auch zweierlei: Zum einen ermöglicht die Steigerung dieser

Kräfte einen höheren Gesamtumfang der gesellschaftlichen Produktion; jetzt kann über den täglichen Bedarf für die Erholung der Arbeitskräfte und die Bereitstellung der Arbeitsmittel hinaus produziert werden, mit der Folge längerfristiger Existenzsicherung der Gesellschaftsmitglieder. Zum anderen erhöhen verbesserte Produktivkräfte das Problemlösungspotential einer Gesellschaft. Nicht allein die historisch „richtigen" Möglichkeiten der Lösung von Problemen in Adäquanzstrukturen erweitern sich, sondern auch die Voraussetzungen für geschichtlich falsche „Problemlösungen" in „undurchsichtigen" Äquivalenz- und Antagonismusstrukturen werden geschaffen. Ist nämlich die materielle Existenz durch Mehrproduktion relativ gesichert und damit die Gefahr des Untergangs durch historisch „falsche" Problemlösungen geringer, werden erst gesamtgesellschaftliche Situationen denkbar, in denen partikulare (und nicht kollektive) Interessen die Art der Bewältigung von Problemen prägen (vgl. Jäger 1977, S. 75-120).

Verbinden wir diese Gedanken mit der Bedeutung verschiedener Konfliktformen für gesellschaftliche Veränderungen und Entwicklungen. Der *Veränderungskonflikt* trägt den Fortschritten der Elemente des Produktivkraftsystems Rechnung, indem er auf eine angemessene Erweiterung, Neubildung usf. der Sozialstruktur bzw. auf die Transformation des Systems gesellschaftlicher Produktion zum Zweck einer weiteren Entfaltung gesellschaftlicher Arbeit gerichtet ist, welche ihre bestimmende Ordnung unmittelbar aus dem Arbeitsprozeß menschlicher Naturtätigkeit herleitet und damit nach Marx und Weber klassenlos und herrschaftsfrei ist.

Der *latente Herrschaftskonflikt* zielt ebenfalls auf vor allem partielle Veränderungen entsprechend der Produktivkraftentfaltung; sie dienen jedoch im wesentlichen einer effektiveren Herrschaftsausübung in einer Gesellschaft, in welcher das gesellschaftlich erzeugte Mehrprodukt nicht an alle Produzenten gleichmäßig verteilt, sondern hauptsächlich von partikularen Gruppen (den Eigentümern der Produktionsmittel) angeeignet wird. Das geschieht Marx zufolge in Gesellschaften mit je verschiedenem Entwicklungsstand der Warenproduktion. Äquivalente Problemlösungen und daraus resultierende Veränderungen begünstigen diesen Aneignungsprozeß und verfestigen damit die bestehenden gesellschaftlichen Produktionsverhältnisse.

Im *manifesten Herrschaftskonflikt* orientieren sich die „Beherrschten" an einer totalen umwälzenden Veränderung des je unterschiedlich entwickelten Systems der materiellen Produktion mit ausschließlich einseitiger Aneignung des gesellschaftlichen Mehrprodukts durch die Mächtigen und die Errichtung von direkten Herrschafts- und Knechtschaftsverhältnissen (z.B. durch Unterwerfung, tributäre Abgaben etc.).

Aus all diesem geht in der Tendenz die unmittelbare Verbindung von problemlösendem Handeln, sozialen Konflikten und Problemlösungsstrukturen einerseits und den materiellen ökonomischen Systemen differierenden Entwicklungsniveaus in bestimmten gesellschaftlichen Produktionsverhältnissen andererseits hervor. Dieser Zusammenhang des Austauschs von menschlicher und außermenschlicher Natur, konkretisiert über im Verlauf der Menschheitsgeschichte zunehmend komplexer werdende materielle Produktionssysteme und ihnen gemäße gesellschaftliche Produktionsverhältnisse, zwingt eine Theorie der Veränderung, Natur *und* Gesellschaft gleichermaßen in einem übergeifenden Entwurf zu berücksichtigen und zu vermitteln. Dem entspricht ja im Ansatz die laufende soziologische Debatte zum Verhältnis von Handlung und Struktur. Diese wiederum ist Ausdruck der Bemühungen, die unter dem Stichwort „menschliche Vergesellschaftung" zusammengefaßten natürlichen und gesellschaftlichen Prozesse in ihren Grundlagen und Fortschritten zu verstehen und darzustellen: die Ausbildung der menschlichen und dinglichen Produktivkräfte durch zielgerichtete gesellschaftliche Arbeit, die Veränderung des Verhältnisses von menschlichen und außermenschlichen Naturmächten zu Gunsten der Menschen im Verlauf der historisch-gesellschaftlichen Entwicklung, die Untersuchung des Verhältnisses von Selbstständigkeit und Fremdbestimmung vergesellschafteter Aktivitäten.

3.3 Systeme der materiellen Produktion und menschliche Vergesellschaftung

Es mag überraschen, aber eine Natur *und* Gesellschaft aufnehmende Theorie der Veränderung und Entwicklung war bereits vor annähernd 200 Jahren Gegenstand wissenschaftlicher Arbeit. Die Sozial- und Geschichtsphilosophie von John Millar und Condorcet im späten 18. Jhdt. begreift die soziale Realität als Produkt menschlicher Tätigkeit und als Ausdruck natürlicher Gesetze; gesellschaftliche Entwicklung unterliegt diesen Ansätzen zufolge zwar unvorhersehbaren Zufällen (Gunst der Lebensumstände) und geplanten Sicherungen (tätige Vernunft), ist jedoch dem Fortgang der Geschichte aufgehoben und durch vergesellschaftetes Tun vorangetrieben (vgl. Tjaden 1972, S. 3; 1977, S. 13). Diese Überlegungen zum Vergesellschaftungsfortschritt hat sich die Soziologie des sozialen Wandels nur unvollkommen zu eigen gemacht. Ihr Hauptinteresse am Bestand der vorgegebenen (kapitalistischen) Gesellschaftsform selbst bei den Konflikttheoretikern und ihr Trachten danach, die Länder der Dritten Welt ihrer eigenen Gesellschaft gleich oder ähnlich zu machen, hat ja, wie gezeigt, Folgen: Der Arbeitsprozeß menschlicher Naturtätigkeit, die gesellschaftliche Praxis als Problemlösungshandeln in historisch-gesellschaftlichen Produktionsverhältnissen, die Ausbildung von Sozialstrukturen als Problemlösungsmodi unterliegen in ihrer Gesamtheit Bedingungen, die gesellschaftliche Veränderungen vornehmlich als Anpassungsprozesse innerhalb des gesetzten gesellschaftlichen Rahmens erfassen oder in Richtung auf einen solchen orientieren.

Diese Position verliert in der aktuellen Auseinandersetzung um Entwicklungsprobleme an Boden. Stattdessen knüpfen neuere theoretische Arbeiten im Prinzip an John Millar und Condorcet kritisch an und konzentrieren sich auf die Erarbeitung eines Entwurfs von Vergesellschaftung, „in den soziale Interaktion als tätiger Ausdruck und vermittelndes Bindeglied von gesellschaftlicher Praxis gilt und in dem Selbstentfaltung und Fremdsetzung von Vergesellschaftung als deren gegensätzliche Momente (im Unterschied zur Soziologie des sozialen Wandels, W.J.) als vermittelte aufeinander bezogen sind" (Tjaden 1972, S. 274). Die Schwierigkeiten dieser Aufgabe zeigt sich darin, daß auf dem gegenwärtigen Stand nur Vorüberlegungen dazu vorhanden sind, vor allem im Rahmen der besprochenen Altenativkonzeptionen, aber auch in den Arbeiten von Eder 1976, Holzer 1978, Lenski 1976, Luhmann und Habermas 1971. Letzterer verdient insofern besondere Aufmerksamkeit, als Habermas in seiner kritischen Theorie der Gesellschaft das Vergesellschaftungsproblem im Verhältnis von gesellschaftlichen Institutionen und technischen Entwicklung aufgreift und darin die Ausbildung und Fortentwicklung von Systemen materieller gesellschaftlicher Produktion zur Grundlage menschlicher Vergesllschaftung bestimmt. Auch in Lenskis Arbeit spielt das gesellschaftlich erarbeitete Merhprodukt eine entscheidende Rolle. Aus dem Gesamt der gegenwärtig vorliegenden Ansätze läßt sich daher zweifelsfrei auf die hervorragende Bedeutung des materiellen Produktionssystems zur Erklärung menschlicher Vergesellschaftung und gesellschaftlicher Veränderungs- und Entwicklungsprozesse schließen. Da sich unsere Untersuchung vor allem auf Gesellschaften mit hochentwickelten industriellen Produktionssystemen kapitalistischer Prägung und somit sehr vielfältigen Problemlösungsmöglichkeiten bezieht, ist zunächst nach den Merkmalen eines solchen Systems zu fragen. Der folgende kurze Abriß greift auf verschiedene Arbeiten zurück, ohne sie im Text jeweils gesondert auszuweisen. Zu nennen sind hier vor allem das „Kapital" von Karl Marx, Mendner 1979, Jaeggi 1973 und Jäger 1979.

Die Aneignung und Kontrolle außermenschlicher und menschlicher Natur entwickelt sich mit der Ausbildung der gesellschaftlichen Produktivkräfte als der Summe subjektiver und objektiver, im Arbeitsprozeß zusammenwirkender Elemente. Die Kräfte ihrerseits entfalten sich auf der Basis menschlicher Arbeitskraft, Arbeitsmittel und Arbeitsgegenstände, zudem aufgrund ihrer wirkungsvollen Kombination. Sofern eine Gesellschaft ihre bestimmende soziale Ordnung unmittelbar aus diesem Arbeitsprozeß menschlicher Naturtätigkeit herleitet, stellt sie eine „Produktionsgesellschaft" (Sohn-Rethel) dar. Die gegenwärtigen Industriegesellschaften westlicher Provenienz sowie die Mehrzahl der Länder der Dritten Welt erfüllen dieses Kriterium nicht; stattdessen zählen sie zu den Gesellschaftsformen, für die eine bestimmte Art der Warenproduktion typisch ist.

Die Ware ist der Ausdruck eines spezifischen gesellschaftlichen Verhältnisses zwischen Personen, die nicht für den Eigenbedarf, sondern für fremde Bedürfnisse produzieren, nicht nach einem gesellschaftlichen Plan, sondern isoliert und in Konkurrenz zueinander. Diese Ware als ein für den Austausch gedachtes Produkt besitzt doppelten Wertcharakter: einen Gebrauchswert zur Befriedigung menschlicher Bedürfnisse und einen Tauschwert, gemessen am gesellschaftlich durchschnittlichen Arbeitsaufwand, der zur Herstellung eben dieser Ware bei einem gegebenen gesellschaftlichen Entwicklungsniveau notwendig ist. Dieser Doppelcharakter wiederum resultiert aus dem Doppelcharakter der Arbeit selbst. Sie ist konkret nützliche Arbeit, indem sie Gebrauchswerte schafft und zugleich abstrakt menschliche Arbeit, indem sie Wert und Tauschwert erzeugt. In der Geschichte der Menschen treten zwei grundlegend unterschiedliche Produktionsweisen dieser Waren auf. Im Rahmen der *einfachen* Warenproduktion sind die Hersteller der Ware zugleich die Besitzer der Produktionsmittel (Werkzeuge etc.) und der Produktionszweck liegt im Austausch von Gebrauchswerten zur eigenen Existenzsicherung. Am Ende dieses Austauschvorgangs ergeben sich für den Produzenten zwar verschiedene Gebrauchwerte, der Tauschwert jedoch ist unverändert geblieben.

In der *entfalteten* Warenproduktion, wleche die kapitalistischen Industriegesellschaften kennzeichnet, ergibt sich dagegen ein völlig anderes Bild. Die produzierte Ware muß nämlich einen Wert besitzen, der über die Wertsumme der in der Produktion eingesetzten Arbeitsmittel und Arbeitskraft hinausgeht, in den Worten von Marx: „(Der Kapitalist) will nicht nur einen Gebrauchswert produzieren, sondern eine Ware, nicht nur Gebrauchswert, sondern Wert, und nicht nur Wert, sondern Mehrwert" (MEW, Band 23, S. 201). Am Ende des Tauschprozesses muß also der angeeignete Geldbetrag die Aufwendungen für die Arbeitsmittel und Arbeitskraft übersteigen. Entscheidend ist, daß das Gebrauchswertverhältnis zur Befriedigung von Bedürfnissen in der einfachen Warenproduktion übergeht in ein Tauschwertverhältnis erstens zur Herstellung und Aneignung von Mehrwert und zweitens zur Verwandlung eines möglichst großen Teils dieses Mehrwerts in Kapital innerhalb der entfalteten Warenproduktion. „Indem der Kapitalist Geld in Waren verwandelt, ... verwandelt er Wert, ... tote Arbeit in Kapital, sich selbst verwertenden Wert, ein beseeltes Ungeheuer, das zu 'arbeiten' beginnt, als hätt 'es Lieb' im Leibe" (ebenda, S. 209). Die Kapitalverwertung offenbart den neuen gesellschaftlichen Charakter der entfalteten gegenüber der einfachen Warenproduktion. Ist in der letzteren der Produktionsprozeß der Waren durch den Arbeitsprozeß und den Wertbildungsprozeß bestimmt, so setzt sich der Produktionsprozeß in der entfalteten Warenproduktion aus dem Arbeitsprozeß und dem Verwertungsprozeß zusammen. Dieser beginnt bei der Verwertung von Natur und Arbeit an dem Punkt, an welchem mehr produziert wird als das eingebrachte Kapital, Verwertung von Lohnarbeit durchs Kapital, Aneignung von unbezahlter Mehrarbeit. Insgesamt betrachtet läßt sich festhalten: Die besondere Form des kapitalistisch organisierten Arbeitsprozesses bewirkt, den Prozeß der Aneignung und Verwertung von Natur und Arbeit dem Prinzip der profitablen Verwertung zu unterwerfen und zu reproduzieren. In diesem Sachverhalt liegt ein Widerspruch begründet: Auf der einen Seite schafft das System der entfalteten Warenproduktion mit hochentwickelten Produktivkräften und ungeheurem Problemlösungsvermögen erstmals in der Geschichte der Menschheit die Voraussetzungen dafür, die äußere und menschliche Natur weitgehendst zu untersuchen, zu kontrollieren und für gesellschaftliche Zwekke so einzusetzen, daß eine Hinüberführung aus dem „Reich der Notwendigkeit" in das „wahre Reich der Freiheit" (Marx) nicht nur Illusion bleiben muß. Auf der anderen Seite ist es gerade die profitable Verwertung, die diese Möglichkeiten einer an den Bedürfnissen *aller* Gesellschaftsmitglieder ausgerichteten Organisation des Stoffwechselprozesses zwischen Natur und Mensch zunichte macht. Stattdessen ist die menschliche Arbeitskraft vornehmlich zur Ware mit Gebrauchs- und Tauschwert erniedrigt, so auch vielfach die Beziehung der Menschen untereinander. Die Bedeutung dieser Ergebnisse unter Veränderungsgesichtspunkten wird uns noch beschäftigen.

Mit diesen Anmerkungen zum Produktionssystem ist der für diese Arbeit konstitutive begriffliche und theoretische Bezugsrahmen im wesentlichen abgesteckt. In ihm sind die Kategorien der gesellschaftlichen Arbeit, der Problemlösungsprozesse, des sozialen Konflikts und des Systems der materiellen gesellschaftlichen Produktion zentral, jeweils in Verbindung mit konkret-geschichtlichen gesellschaftlichen Verhältnissen. Wenn im folgenden auf dieser Basis der Versuch einer Einschätzung und Erklärung von Veränderungsprozessen in ausgewählten Bereichen vor allem der hochentwickelten Industriegesellschaften unternommen wird, so geschieht das in der Hoffnung, die subjektiven und objektiven Faktoren dieser Vorgänge möglichst umfassend berücksichtigen zu können. Daß diese Hoffnung trügerisch sein kann, entspricht nur dem theoretischen Stand der gegenwärtigen Soziologie.

Zusammenfassung: Die Mängel der auf den Untersuchungsgegenstand konzentrierten soziologischen Theorien, vor allem mit Blick auf das Verhältnis von Handlung und Struktur, zwingen zu eigenen Überlegungen. Ohne den Anspruch einer „eigenen" Theorieentwicklung machen sie sich an mehrere, durchaus voneinander unabhängige Ansätze der Soziologie sozialen Wandels und der Alternativkonzeptionen heran. Ihr Ziel ist ein der aktuellen Diskussion möglichst angemessenes Fundament zur Erklärung von sozialen Wandlungsprozessen aufzubauen. Ausgangspunkt der Denkbewegungen stellen konfliktsoziologische Ansätze dar, zunächst in Gestalt der Theorien von Coser und Dahrendorf. Ihre Begrenzung auf Verteilungskonflikte, ihr vorrangiges Interesse an Konfliktregelungen innerhalb gesetzter gesellschaftlicher Rahmen schöpfen die Möglichkeiten des konfliktuellen Handelns für Veränderungsperspektiven nicht aus. Das wiederum stellt Krysmanskis Entwurf in Aussicht: Die systematische Betrachtung des Verhältnisses von historischem Subjekt und geschichtlichem Objekt im Konfliktzusammenhang, die Interpretation von Problemlösungsstrukturen im Sinne von Sozialstrukturen konkreter gesellschaftlicher Verhältnisse, die Verknüpfung eben dieser Strukturen mit Macht- und Herrschaftsfragen schaffen insgesamt die Voraussetzungen, Konflikten auch in ihrer Genese und ihren Veränderungsauswirkungen nachzugehen. Ist bereits auf diesem Niveau die Verbindung von Handlung und Struktur in historischer Perspektive aufgenommen und die „Eindimensionalität" der gängigen Konflikttheorie überwunden, gewinnt Krysmanskis Ansatz zusätzlich an Qualität, wenn der in Konflikten wirksame Herrschaftsfaktor in Anlehnung an Marx und Max Weber an den Arbeitsprozeß menschlicher Naturtätigkeit angebunden wird. Das geschieht in verschiedenen Etappen: Zunächst durch allgemeinere Betrachtungen zum Vergesellschaftungsprozeß im Problemfeld menschliche und außermenschliche Natur, später durch die besondere Hervorhebung des historischen Systems der entfalteten materiellen Produktion als Kennzeichen der Industriegesellschaften westlicher Provenienz. Auf diese Weise dem gegenwärtigen Diskussionsstand annähernd entsprechend theoretisch vorbereitet und für das Verhältnis von Handlung und Struktur im Veränderungsprozeß sensibilisiert, machen wir uns an die Untersuchung von Wandlungsprozessen in ausgewählten Bereichen von Gesellschaften, besonders des hochentwickelten industriellen Typs kapitalistischer Prägung.

4 Gesellschaftliche Entwicklung und sozialer Wandel vor dem Hintergrund veränderter technischer und ökonomischer Bedingungen

Hunger. Lithographie von A. Paul Weber, 1941

Quelle: Katalog zur A. Paul Weber – Ausstellung des Rheinischen Landesmuseums in Bonn vom 26.10. bis 10.12.1978, Bild Nr. 60, Bonn 1978, S. 89.

Trotz aller Fortschritte – was bleibt, ist Hunger: In den hochentwickelten Industriegesellschaften als 'Hunger' nach menschengerechter Arbeit, sozialer Gleichheit, nach Zuwendung und persönlichkeitsfördernden Sozialbeziehungen; in den Ländern der Dritten Welt als 'Hunger' im Sinne eines vorrangig physischen Überlebensproblems.

4.1 Wissenschaftlich-technischer Fortschritt und ökonomische Entwicklung nach der Industriellen Revolution

Der folgende knappe Überblick konzentriert sich zwar auf die Industrialisierung in Deutschland und berücksichtigt dabei spezifische, historische und nationale Besonderheiten, zugleich jedoch gibt er auch wenigstens annähernd die wesentlichen Merkmale der Entstehung und Fortentwicklung kapitalisticher Industriegesellschaften in ihrer Gesamtheit seit dem 19. Jahrhundert wieder.

Die industrielle Entwicklung in Deutschland beginnt etwa Mitte der 30er Jahre des 19. Jahrhunderts (vgl. dazu und zum folgenden Henning 1976, Mottek 1960, 1969). Dafür gibt es mehrere Gründe. Auf *technischem* Gebiet wird in dieser Zeit die Werkzeugmaschine (z.B. Drehbänke, Hobel-, Feil- und Bohrmaschinen) in den Produktionsprozeß eingeführt, die Produktionstechnik damit entscheidend verändert, das Maschinensystem wichtigstes Arbeitsmittel und die Manufaktur durch den Fabrikbetrieb abgelöst. Im *ökonomischen* Bereich kommt es vor allem zu einer Anhäufung von Kapital (Kapitalakkumulation) in den Händen weniger Kapitalbesitzer; unter *sozialem* Gesichtspunkt vollzieht sich in diesen Jahren der Übergang von der feudalistischen zur kapitalistischen Gesellschaft mit den Klassen der besitzlosen, lohnabhängigen Arbeiter und den Kapitalisten mit privatem Eigentum an Produktionsmitteln und Verfügungsgewalt über den Produktionsapparat. Hinzu treten zunehmend günstigere gesellschaftliche Rahmenbedingungen: Die Gründung des Deutschen Zollvereins erleichtert den Handel durch bessere Absatzorganisationschancen und der Erschließung von neuen Märkten; der Ausbau des Bankwesens ermöglicht längerfristige Kreditaufnahmen zu Finanzierung der zur Produktion notwendigen Maschinen und Apparate; die Erweiterung der Verkehrswege (vor allem durch den Eisenbahnbau) erschließt auch abseits der Hauptverkehrsadern weitreichende Industrialisierungsmöglichkeiten.

Weitere technische und wissenschaftliche Entdeckungen folgen. In der zweiten Hälfte des 19. Jahrhunderts kommen Dynamomaschinen, Elektromotoren, verbesserte spanabhebende Maschinen auf den Markt; das Bessemer-Verfahren in der Stahlgewinnung und neue chemische Verfahren besonders in der Farbindustrie werden entwickelt. Mit der Vermehrung der neuen ökonomischen Macht des Industrie- und Finanzkapitals wachsen die gesellschaftlichen Spannungen, die in der breiten politischen Arbeiterbewegung nach dem Zusammenschluß des Allgemeinen Deutschen Arbeiterverbands und der Sozialdemokratischen Arbeiterpartei (Gotha 1875) ebenso zum Ausdruck kommen wie im Sozialistengesetz von 1878 „gegen die gemeingefährlichen Bestrebungen der Sozialdemokratie“ unter Bismarck. Nicht zu vergessen sind jedoch die Industrialisierungsproblemen folgenden Lösungsaktivitäten des Staates in Form des Krankenversicherungsgesetzes 1883, Unfallschutzgesetz 1884, Invaliditäts- und Altersversicherung 1889 – trotz ihres äquivalenten Charakters.

Gegen Ende des Jahrhunderts hat das Kapital eine solche Machtfülle erreicht, daß private Gesellschaften in den deutschen Kolonien vor allem Afrikas expandieren, in der Hoffnung, neue Absatzmärkte zu erschließen, die Rohstoffknappheit im eigenen Land auszugleichen und so einer weiteren Kapitalanhäufung entgegenzusehen. Diesen imperialistischen Merkmalen leistet die generelle Einführung der Elektroenergie in die Produktion etwa in den beiden ersten Jahrzehnten des 20. Jahrhunderts wesentlich Vorschub; sie bringt einschneidende Veränderungen: An die Stelle des Werkstattprinzips zur Produktion von Einzelgütern tritt das Fließbandsystem zur Produktion von Massengütern; einer Verwissenschaftlichung der technologischen Grundlegung des Produktionsprozesses folgt bald die Verwissenschaftlichung der Organisation des Arbeitsprozesses a) durch die rationellere Ausnutzung der Arbeitskraft (Steigerung der Arbeitsproduktivität) mittels Arbeitszeitvorgabe, Prämiensystem, psychotechnische Methoden zur Verbesserung der Arbeitsmotivation und b) durch die wissenschaftliche Organisierung und Leitung des Produktionsprozesses. Im Gefolge dieser Entwicklung verbessern sich die materiellen Lebensbedingungen großer Bevölkerungsteile zwar entscheidend, jedoch bleiben sie weiterhin vom Besitz und von der Verfügungsgewalt über die Produktionsmittel ausgeschlossen. Stattdessen erfährt die Konzentration und Zentralisation der Produktion und des Kapitals in den Händen Weniger eine solche Steigerung, daß – Kade zufolge – das kapitalistische System endgültig in sein höchstentwickeltes, imperialistisches Stadium eintritt, mit den Kennzeichen: Ausbildung von Monopolen, die den gesellschaftlichen Produktionsprozeß entscheidend bestimmen; Verschmelzung des Industrie- und Bankkapitals; zunehmende Bedeutung des Kapitalexports u.a. (1976, S. 30). Beschleunigt wird diese technische und soziale Entwicklung durch die Auswirkungen der Weltwirtschaftskrise; Stillegungen veralterter Anlagen wegen verminderter Konkurrenzfähigkeit gegenüber Unternehmen mit höherer Arbeitsleistung treten in großer Zahl auf.

Während des Faschismus mit seinen weitreichenden imperialistischen Plänen und Aktionen setzt sich der technische Fortschritt besonders in den für

Rüstung und Kriegführung bedeutenden Grundstoff- und Produktionsgüterindustrien sowie in der chemischen, elektrotechnischen, feinmechanischen und optischen Industrie fort (Henning 1974). Allen ideologischen Verbrämungen zum Trotz sind auch in dieser Zeit die Klassenschranken nicht gefallen, vielmehr hat die Verbindung von faschistischer Bewegung und Industrie- bzw. Finanzkapital die Ausbeutung der Arbeiterschaft zugunsten partikularer Interessen mit katastrophalen Folgen vorangetrieben.

Das Ende des Zweiten Weltkrieges bringt die „ökonomische Restauration" in der Form des kapitalistischen Systems als Marktwirtschaft. Erst allmählich nimmt das technische Niveau zu, besonders in der Weiterentwicklung und Verbreitung von Hartmetallwerkzeugen, welche die Verwirklichung höherer Arbeitsgeschwindigkeiten erlauben und durch Rationalisierungsmaßnahmen in der Arbeitsgestaltung und der Arbeitsorganisation eine Produktivitätssteigerung bewirken. Ende der 50er Jahre gelingt ein weiterer Durchbruch im Industrialisierungsprozeß, der vielfach auch als „Zweite Industrielle Revolution" oder als Beginn der „Wissenschaftlich-technischen Revolution" bezeichnet wird. Mit Hilfe des verstärkten Einsatzes von Wissenschaft und Technik in der unmittelbaren Produktion gelingt eine entscheidende technologische Verbesserung der Produktionstechnik durch komplexe Mechanisierung, Automatisierung und Teilkybernetisierung der Produktion, verbunden mit der Nutzung nuklearer Energie und der Elektronik. In der Folge werden weitere Einsparungen von menschlicher Arbeitskraft möglich, ebenso zusätzliche Steigerungen der Arbeitsproduktivität (Rationalisierungskuratorium der Deutschen Wirtschaft 1970, Projektgruppe Automation und Qualifikation 1975). Die Meß-, Kontroll- und Regeltechnik gewinnt an Bedeutung, hinzu treten Möglichkeiten des Rohstoff- oder Energiequellenersatzes (Kohle durch Mineralöl, Holz oder Leder durch Kunststoff etc.). Allerdings vollzieht sich dieser Durchbruch vor allem in jenen Sektoren, Zweigen und Branchen der Wirtschaft, die eine hohe Kapitalverwertung in Aussicht stellen.

„In der Regel ist ein hoher Entwicklungsstand der Produktionstechnik dort anzutreffen, wo die Produktion großer Stückzahlen hochstandardisierter Erzeugnisse, etwa in der Grundstoff- und Produktionsgüterindustrie oder in der Nahrungs- und Genußmittelindustrie, den ökonomischen Einsatz aufwendiger Anlagen und Produktionsverfahren profitabel erscheinen läßt. Ein mittlerer Entwicklungsstand der Produktionstechnik ist hingegen meist in der Massenproduktion von Konsumgütern vorherrschend, wo große Serien wechselnder normierter Produkte, etwa Nahrungs- und Genußmittel, Möbel, Feinkeramik, elektrotechnische Geräte oder Straßenfahrzeuge hergestellt werden, bei denen einer weiteren Rationalisierung unter kapitalistischen Produktionsverhältnissen noch ökonomische und technische Hindernisse entgegenstehen. Ein niedriger Stand der Produktionstechnik kommt meist dort zum Einsatz, wo die Einzel- oder Kleinserienfertigung mit einem hohen Anteil qualifizierter Handarbeit typisch ist, wie etwa im Maschinenbau und im elektrotechnischen Anlagenbau, weil dort nur wenige Funktionen von einer entwickelteren Maschinerie kostensparend wahrgenommen werden können und der erforderliche Kapitalaufwand für modernere Technik nur schlechte Chancen auf profitable Verwertung besitzt" (Projektgruppe Kassel 1976, S. 32).

In jüngster Zeit hat der technische Fortschritt einen weiteren vorläufigen Höhepunkt in der „neuen Technik" gefunden, häufig „Dritte Industrielle Revolution" tituliert. Sie unterscheidet sich vom automatisierten Produktionsprozeß besonders durch die Übernahme wichtiger Denkoperationen und Denkfunktionen mit Hilfe von Arbeitsmitteln der Halbleiter- und Optoelektronik und der Speicher- und Sensorentechnik. Bekannt und berüchtigt zugleich wegen seiner verheerenden Konsequenzen für die Einsparung von Arbeitskräften (vgl. Briefs 1978) ist vor allem der Mikroprozessor („Chip"), ein Kleinstcomputer, welcher auf Halbleiterkristallbasis umfangreiche logische Funktionen des Messens, Steuerns und Regelns ausführen kann. Noch in der Entwicklung begriffen, bemächtigt sich der Mikroprozessor bereits gegenwärtig des Geräte- und Werkzeugmaschinenbaus (beide sind für den Export der Bundesrepublik von wichtiger Bedeutung); das zukünftige Anwendungsspektrum ist noch gar nicht abzusehen. Auf jeden Fall sind tiefgreifende Veränderungen in der Gestaltung des Produktionsprozesses wie in der Rolle der menschlichen Arbeitskraft erwartbar, welche das gegenwärtige Ausmaß noch übertreffen werden (vgl. Loderer 1977, Zeitungskolleg 1980). Aber auch die vorherrschende kapitalistische Anwendung des technischen Fortschritts erzielt Resultate, die Staunen machen; dazu folgendes Beispiel: 1976 ist das Bruttoinlandsprodukt in der Bundesrepublik gegenüber 1973 real um 2,7 % gewachsen, obwohl in diesem Zeitraum die Erwerbstätigenzahl um 6 % (1,6 Millionen) gefallen ist. Im Ergebnis hätte also das Bruttosozialprodukt von 1973 auf dem Produktionsniveau von 1976 mit einer um 9 % niedrigeren Beschäftigtenzahl produziert werden können als 1973 tatsächlich erforderlich war. Der Anstieg der Produktivität, der vor allem aus der Anwendung des technischen Fortschritts resultiert, zeigt sich besonders deutlich in der Industrie. Obwohl die Beschäftigtenzahl zwischen 1973 und 1976 um fast eine Million Arbeiter und Angestellte zurückgeht und trotz gleichzeitiger Abnahme der geleisteten Arbeitsstunden um annähernd 16 %, steigt die Arbeitsproduktivität je Arbeiterstunde um 21 % (vgl. Helfert 1977, S. 202-204). Nach bisher vorliegenden Erfahrungen mit dem Gebrauch „neuer Technik" in der materiellen Produktion, in Büro und Verwaltung wie erst recht im Bereich der Druckindustrie (vgl. Industriegewerkschaft Druck und Papier 1977) ist unter den gegebenen gesellschaftlichen Produktionsverhältnissen die Tendenz zur Vernichtung von Arbeitsplätzen und zu einer niedrigeren Qualifikation der Arbeitskräfte unverkennbar (vgl. z.B. Zimmer 1977).

Daß technischer Fortschritt zu ökonomischem Fortschritt führt, mag aus diesem Überblick hervorgehen, aber führt technischer Fortschritt – so fragen wir mit Sandkühler – auch zum *sozialen* Fortschritt in Gesellschaften, in welchen a) die gesellschaftliche Produktion auf der Basis von Privateigentum an Produktionsmitteln und daraus folgender unternehmerischer Dispositionsfreiheit geschieht und b) die Rationalität des Profits auf der unternehmerischen Ebene den „Motor" der gesamtwirtschaftlichen Entwicklung darstellt (vgl. Ronge 1973, S. 329)? Diese Frage werden wir für die Bundesrepublik unter verschiedenen Gesichtspunkten in den nächsten Kapiteln differenzierter erörtern, hier nehmen wir sie allgemeiner im internationalen Maßstab auf.

Hatten Marx und Engels noch gehofft, der soziale Fortschritt ergebe sich aus einer periodischen Anpassung der Produktionsverhältnisse an die Entwicklung der Produktivkräfte (Jaeggi/Honneth 1977, Einleitung) so ist der auch destruktive Charakter einer kapitalistisch freigesetzten Produktivkraftentfaltung während dieses Jahrhunderts immer deutlicher hervorgetreten. Die beiden Weltkriege mit millionenfachem Sterben und nie gekannten Verwüstungen, in ihrer Vorgeschichte wie in ihrem Verlauf eng mit privater Kapitalakkumulation und Kapitalverwertung verknüpft; die Unterwerfung der Länder Asiens, Afrikas und Lateinamerikas als Lieferanten unbegrenzter und kostengünstiger Rohstoffe und Arbeitskräfte, als Absatzmärkte und besonders als „Kapitalanlagesphären" (Kühnl) offenbarten bald, welchen Zweck technischer Fortschritt in den westlichen Industriegesellschaften in erster Linie zu dienen hatte. Dem widerspricht nicht die kontinuierliche Verbesserung von Lebensbedingungen der Lohnabhängigen in diesen Gesellschaften wie auch nicht das erreichte relativ hohe Konsumniveau; ebensowenig steht das differenzierte System sozialer Leistungen in den meisten Industriegesellschaften dieses Typs im Widerspruch zum kapitalistischen Prinzip des privaten Gebrauchs gesellschaftlich erarbeiteten technischen und ökonomischen Fortschritts. Denn günstigere gesellschaftliche Arbeits- und Lebensbedingungen, das „Privileg" eines besseren Lebensstandards, die Gesetzgebung der Sozialversicherung etc. sind in der Regel erst die Ergebnisse äquivalenter (z.B. Unfallverhütungsvorschriften und Arbeitssicherheitsgesetze in der Marktwirtschaft) und antagonistischer (z.B. die russische Oktoberrevolution 1917, die Revolution von 1918/1919 in Deutschland) sozialer Konflikte zwischen der Arbeiterbewegung bzw. den Gewerkschaften als deren Interessenorganisationen und der Kapitalseite; darüber hinaus sind sie für die Reproduktion der Arbeitskraft in der Regel unverzichtbar, und schließlich besitzen die Produzenten des technischen und ökonomischen Fortschritts mehr als nur einen moralischen Anspruch auf ihre Arbeitsergebnisse, welche zunehmend von einer kleiner werdenden gesellschaftlichen Minderheit in Besitz genommen werden (vgl. jüngst die Auflistung der 100 profitabelsten Konzerne und Unternehmen in der Frankfurter Allgemeinen Zeitung vom 1.9.1979).

Die Einsicht in materielle und soziale Destruktivität der kapitalistisch angewandten menschlichen und dinglichen Entwicklungskräfte führt denn auch in den westlichen Industriegesellschaften zu einer breiteren Organisierung der lohnabhängig beschäftigten Arbeiter und Angestellten in den Gewerkschaften, um gemeinsame Interessen gemeinsam im Konflikt mit dem Kapital durchzusetzen: Über die Verbesserung der Arbeits- und Lebensbedingungen hinaus für eine Demokratisierung aller gesellschaftlichen Bereiche, für ökonomische und soziale Gleichheit, und – wenn auch erst in Ansätzen – für die Überwindung des Systems der Lohnarbeit in einer nichtkapitalistischen Gesellschaft. Diesen Tendenzen entsprechen gesellschaftliche Bewegungen in den Gebieten des Kolonialimperialismus und in den von den Industriestaaten kontrollierten Ländern der Dritten Welt. Endlich befreit von deutscher, britischer, holländischer, französicher, belgischer, spanischer und portugiesischer Herrschaft oder sich zunehmend dem Einfluß kapitalkräftiger Gesellschaften widersetzend signalisiert z.B. das Auftreten der Länder der Dritten Welt in UN-Vollversammlungen, bei der Welthandelskonferenz in Manila, im Rahmen der UN-Konferenz für Wissenschaft und Technik in Wien u.a.m. ein ausgeprägteres Selbstbewußtsein und geschlosseneres Handeln in Konflikten über staatliche Souveränität, bessere inländische Produktions- und internationale Absatzbedingungen, Zugang zu technologischem und wissenschaftlichem Forschungswissen etc.

Wie die Geschichte des 20. Jahrhunderts belegt, ergeben sich soziale Fortschritte – so läßt sich zusammenfassen – keinesfalls zwangsläufig als Nebenprodukt der technischen und ökonomischen Entwicklung, sofern sie nicht von vornherein integrierter Bestandteil einer an günstigeren Kapitalverwertungsbedingungen orientierten Strategie sind. In aller Regel resultieren sie in den westlichen Industriegesellschaften und in den von ihnen abhängigen Ländern der Dritten Welt aus latenten und manifesten Herrschaftskonflikten (jüngstes Beispiel für die letzte Konfliktform sind Nicaragua und Iran), welche gegenwärtig vor allem – vernachlässigen wir die geringer gewordene Gefahr eines Dritten Weltkriegs angesichts der Ergebnisse der Entspannungspolitik (SALT II) – im sogenannten Nord-Süd-Konflikt und in den weltweiten Gefahren einer globalen ökonomischen Katastrophe zum Ausdruck kommt.

Der auf der Weltebene sich erst anbahnende Konflikt zwischen Industrieländern und Dritter Welt, auch unzulässig verallgemeinernd *Nord-Süd-Konflikt* genannt, ist besonders wegen der spürbaren Verknappung und Verteuerung der Weltrohstoffe und der damit verbundenen offenen militärischen Interventionsdrohung der USA in den Erdölländern (auch in der Bundesrepublik gibt es nicht wenige Befürworter dieser antagonistischen Problemlösungsmöglichkeit) ins öffentliche Bewußtsein gerückt. Dabei bleiben die historischen Ursachen dieser Entwicklung wie auch die Ursachen des allgemeineren Problems wachsender Armut, der hungernden Volksmassen und des zunehmenden sozialen Elends in der Dritten Welt mit der Folge des Überlebenskampfes vieler Länder verborgen. Der Historiker Geiss schreibt in diesem Zusammenhang: „Generell wird sich jetzt für den kapitalistischen Westen rächen, daß er in der brutalen Ausbeutung der gegenwärtigen Entwicklungsländer seit dem 15. Jahrhundert seinen Aufstieg genommen hat, durch Sklavenhandel und Sklaverei, einseitig räuberischen Handel mit Südostasien und den modernen Kolonialimperialismus. Was die Entwicklungsländer allmählich zu fordern beginnen, ist nicht mehr und nicht weniger als eine gigantische Wiedergutmachungsaktion für über die Jahrhunderte erlittenes Unrecht" (1973, S. 106 f.). Geiss hält es für die Industrieländer selbstmörderisch, wollten sie die historisch und moralisch gerechtfertigten Forderungen der Dritten Welt auf ökonomischem Gebiet als erpresserisch oder sentimental ablehnen; dann nämlich wäre realistisch, daß im breiten Armuts- und Konfliktgürtel um den Äquator eine „revolutionäre Kettenreaktion" (Dritter Weltkrieg als Folge des Konflikts zwischen Industriegesellschaften und Dritter Welt mit den Auswirkungen einer ökonomischen Weltkatastrophe) in Gang gesetzt werden könnte und die kapitalistischen Länder ihrerseits im „revolutionären Chaos" untergingen (vgl. ebenda).

Aus diesen Überlegungen geht hervor, daß die Nord-Süd-Problematik mit ihren ungeheuren Spannungen und Konflikten (dazu zählen auch die Gastarbeiterfrage in den industriellen Metropolen, das ungeklärte Schicksal des palästinensischen Volkes, die Probleme der Länder Südostasiens und Lateinamerikas u.a.m.) als gewaltsam gezeugtes Kind des Kapitalismus allein in einer „Weltgesellschaft" angemessen gelöst werden kann, in welcher technischer Fortschritt nicht vorrangig partikularen wirtschaftlichen Interessen, sondern der materiellen, kulturellen und psychischen Bedürfnisbefriedigung aller Menschen dient (Nord-Süd-Kommission 1980).

Die Gefahr einer *ökologischen Katastrophe,* seit Jahrzehnten produziert, jedoch erst seit 10 Jahren auch zur Kenntnis genommen, ist die Konsequenz der „Überindustrialisierung" in den entwickelten Gesellschaften. „In erdgeschichtlicher Perspektive", so Geiss, „erscheinen die Rückwirkungen der Industrialisierung als Wiederfreisetzung giftiger Stoffe in die Atmosphäre, die einst beim Erkalten der Erdkruste eingebunden wurden, z.B. Schwefel durch Eisen, und die Vernichtung fossiler, einst organischer Substanzen zur Gewinnung von Energie (Kohle, Erdöl) mit neuen giftigen Rückständen. In einem jahrmillionenlangen Prozeß waren erst die Voraussetzungen für organisches Leben, dann organisches und menschliches Leben selbst entstanden. Die bisher so gut wie unkontrollierte Industrialisierung droht, innerhalb weniger Jahrhunderte den gesamten Prozeß wieder auf den Ausgangspunkt zurückzudrehen – eine unbewohnbare Erde ..." (1973, S. 109). Nach Seweso, Harrisburg, den Tankerkollisionen in den Weltmeeren, der jüngsten Thallium-Vergiftung in Lengerich, den Kampfgasfunden mitten in Hamburg und anderen skandalösen Vorgängen ist die Rede vom Naturcharakter der Katastrophen unhaltbar, vielmehr lassen sie sich als gesellschaftlich tolerierte bzw. produzierte und gesellschaftlich vermittelte begreifen, die in ihren Entstehungsursachen auf den ungezügelten, Herrschaftsinteressen unterworfenen Raubbau an der Natur in den kapitalistischen Ländern zurückgehen. Aber auch die sozialistischen Gesellschaften haben Umweltprobleme mit Katastrophentendenz. Sie gehen hervor aus gesellschaftlich noch unzureichender Naturkontrolle in der Industrieproduktion, nicht zuletzt auch vor dem Hintergrund der Systemkonflikte zwischen Kapitalismus und Sozialismus. Dennoch sind die in ihren Gesellschaften möglichen adäquaten und „durchsichtig" äquivalenten Problemlösungsstrukturen eher in der Lage, Umweltfragen angemessen zu behandeln als jene westlichen Gesellschaftssysteme, deren kapitalistische Eigentumsordnung Umweltprobleme in von Herrschaft durchsetzten, und d.h. ökonomisch: vom Profit- und Konkurrenzprinzip geprägten Lösungsstrukturen zu behandeln gebietet (vgl. zu diesem Komplex Jäger 1977a und 1979). Für die Länder der Dritten Welt stellt sich dieses Problem insofern, als sie (von der Kapitalismusentwicklung in diese Situation gezwungen) wahrscheinlich nur durch eine verstärkte Industrialisierung ihre Überlebenschancen erhöhen können. Den damit zumindest gegenwärtig verbundenen Umweltgefahren ließe sich wiederum nur in herrschaftsfreien „Produktionsgesellschaften" begegnen, gesellschaftlichen Systemen also, die ihre soziale Ordnung, ihre Problemlösungsstrukturen direkt aus dem Arbeitsprozeß menschlicher Naturtätigkeit herleiten.

Hier schließt sich der Kreis: Die Lösung der drei großen gegenwärtigen Menschheitsprobleme (die existenzielle Bedrohung durch die Vernichtungspotentiale der Supermächte, der Nord-Süd-Konflikt einschließlich des Problems der Überbevölkerung, vgl. jüngst die Bevölkerungskonferenz in Colombo, und die Gefahren für die Umwelt) bedürfen tiefgreifender struktureller Veränderungen in den westlichen Industrienationen wie in einigen Ländern der Dritten Welt selbst; Strukturveränderungen, die der namhafte Historiker Geiss wie folgt beschreibt: „Vergesellschaftung der ausschlaggebenden Produktionsmittel und Finanzinstitute, Kommunalisierung des Bodens zumindest in den industriellen Ballungsgebieten, strenge Kontrolle der Rohstofferzeugung und -verteilung, strikte Investitionsplanung und Investitionslenkung in die Sektoren von Landwirtschaft und Industrie, die wirklich dem Gemeininteresse dienen" (1973, S. 117). Erst dann sind gesellschaftliche Entwicklung und sozialer Wandel auf der Basis von physisch und psychisch gewaltlosen Veränderungskonflikten mit historisch „richtigen" Problemlösungen im Weltmaßstab zu verwirklichen; erst unter solchem Vorzeichen führt technischer Fortschritt zu ökonomischem *und* sozialem Fortschritt.

Nach dieser globalen Betrachtung in weltgesellschaftlicher Perspektive, deren Problemgrundlage zuletzt Gegenstand der Konferenz sogenannter „blockfreier" Staaten in Havanna war, konzentrieren wir uns auf historische und gegenwärtige Wandlungsprozesse in den westlichen Industriesystemen am Beispiel der Bundesrepublik.

4.2 Wandlungsprozesse in hochentwickelten westlichen Industriegesellschaften

4.2.1 Veränderungen im Produktionsbereich

Das produktive Leben, die Arbeitswelt – Kern der Gesellschaft und damit auch Kern einer Soziologie der Entwicklung und des Wandels – unterliegt seit Beginn der Industrialisierung Veränderungen und Umwälzungen, deren „Dramatik" so spröde Begriffe wie Maschinentechnologie, Arbeitsteilung, Fließbandarbeit, Bürokratisierung, fabrikmäßige Produktion u.a. kaum vermitteln können. Betrachten wir z.B. die fabrikmäßige Produktion: Dieser heute selbstverständlich verwendete, beinahe harmlos scheinende Begriff ist Ausdruck radikaler technischer, ökonomischer und sozialstruktureller Entwicklungen im Verlauf von weniger als 200 Jahren, welche schon unter rein *quantitativem* Aspekt genügend gesellschaftlichen und sozialen Zündstoff vermuten lassen. Arbeiteten nämlich damals von 100 Beschäftigten noch ca. 80 im primären Wirtschaftssektor (Land- und Forstwirtschaft) und jeweils etwa 10 im sekundären Sektor (Handwerk, Industrie) bzw. im tertiären Sektor (Finanzwesen, Nachrichtenwesen, freie Berufe, Verwaltung, Dienstleistungen, Handel), ist die gegenwärtige Situation völlig anders – im primären Sektor arbeiten von 100 Beschäftigten weniger als 10, im sekundären etwa 47 und im tertiären Sektor 43 Arbeitnehmer. Was es denn unter *qualitativem* Gesichtspunkt mit den Folgen der Industrialisierung besonders in der Arbeitswelt auf sich hat, veranlaßte erst jüngst den Deutschen Gewerkschaftsbund (DGB) in seinem Entwurf für ein Grundsatzprogramm der kommenden achtziger Jahre zu folgenden Aussagen:

„...die kapitalistische Wirtschaftsordnung (verwehrt) dem Arbeitnehmer die gesellschaftliche Gleichberechtigung, unterwirft seine Person der Willkür des Unternehmers, liefert seine Arbeitskraft dem Marktgesetz aus, ordnet seine Gesundheit und seine soziale Sicherheit dem Gewinnstreben unter und verursacht soziale Mißstände und Krisen. Die sozialen und gesellschaftlichen Auseinandersetzungen werden durch den Interessengegensatz zwischen Kapital und Arbeit geprägt. Den Interessen der Unternehmer an maximalen Gewinnen stehen die Interessen der Arbeitnehmer an sicheren Arbeitsplätzen, an menschenwürdigen Arbeitsgedingungen und ausreichenden Einkommen gegenüber... Auch in der Bundesrepublik haben Veränderungen in der Gesellschaft die Erscheinungsformen des sozialen Konflikts gewandelt. Zwar hat die allgemeine Anhebung des Lebensstandards... vielen Arbeitnehmer neue Möglichkeiten der Lebensgestaltung eröffnet. Aber die Ungerechtigkeit der Einkommens- und Vermögensverteilung, die Abhängigkeit von Wirschaftsmacht und die Ungleichheit der Bildungschancen sind nicht überwunden. Dazu kommen neue Belastungen und die Einführung arbeitsintensivierender Technologien. Die Entwicklung in der Bundesrepublik hat die alten Besitz- und Machtverhältnisse nicht wesentlich geändert. Die Konzentration des Kapitals schreitet ständig fort. ... Die Arbeitnehmer ... sind nach wie vor von der Verfügungsgewalt über die Produktionsmittel ausgeschlossen. Ihre Arbeitskraft ist auch heute noch ihre einzige Einkommensquelle" (Frankfurter Rundschau vom 3.9.1979, Götz 1980, Vetter 1980).

Hier sind gesellschaftliche Sachverhalte, individuelle und kollektive (gewerkschaftliche) Erfahrungen zusammengefaßt, welche in unserem begrifflichen und theoretischen Bezugsrahmen für Veränderung und Entwicklung (gesellschaftliche Arbeit, System der materiellen Produktion, sozialer Konflikt, Problemlösungsprozesse) etwa anhand folgender Fragestellungen systematisiert werden können:

- Wie verändert sich die Industriearbeit unter dem Einfluß technischer und ökonomischer Entwicklungen?
  Das Verhältnis von Produktionstechnik und Industriearbeit thematisiert neben den Veränderungen in der Produktionstechnik selbst die Auswirkungen auf die betriebliche Arbeitsorganisation, auf einzelne Arbeitsbedingungen, Qualifikationsstrukturen, Risiken der Arbeitslosigkeit und Arbeitsmarktprobleme;
- Wie wandeln sich Sozialkonflikte und Problemlösungsprozesse auf der Grundlage von Strukturveränderungen technischer wie ökonomischer Art?
  Das Verhältnis von Produktionstechnik, materiellen gesellschaftlichen Verhältnissen und Konfliktentwicklung umfaßt Klassenauseinandersetzungen in der Gesellschaft, Konflikte auf betrieblicher Ebene zwischen Management und Belegschaft, jeweils vermittelt und ausgetragen über spezifische Verbände, Organisationen und betriebliche Interessenvertretungen (Betriebsrat). Ihre Gegenstände beziehen z.B. Fragen der Arbeitsintensivierung, Arbeitsproduktivität, Verschleiß der Arbeitskraft, das Verhältnis von Lohn und Leistung ebenso ein wie Probleme der Humanisierung der Arbeitsbedingungen und der Reproduktionsmöglichkeiten der Arbeitskraft u.a.m. Dazu zählen auch objektive und subjektive Betroffenheit von technischen und organisatorischen Umstrukturierungsprozessen und Bewußtseinsveränderungen von Arbeiten und Angestellten in Produktions- und Verwaltungsbereichen.

Mit dieser Systematisierung wenden wir uns Forschungsgegenständen und thematischen Schwerpunkten zu, die für die industriesoziologische Forschung etwa seit Mitte der 60er Jahre erneut zentral sind (vgl. Brandt 1978, Herkommer/Bierbaum 1979) und damit an bereits „klassische" Arbeiten von Pirker u.a. 1955, Popitz/Bahrdt u.a. 1957a und 1957b anknüpfen. Dieser Entwicklung entsprechen die konsequente Rezeption der Marxschen Gesellschafstheorie in der Industriesoziologie (vgl. Lutz/Schmidt 1977, S. 220) wie die tendenzielle Hinwendung von Wissenschaftlern zu den Problemen der lohnabhängig Beschäftigten und ihren Organisationen als Ergebnis erkenntnistheoretischer wissenschaftlicher Arbeit und eines gesellschaftspolitischen und geschichtlichen Erfahrungsprozesses (vgl. WSI-Mitteilungen 12/1978). Das geschieht angesichts der aus dem Gegensatz von Kapital und Arbeit hervorgehenden, sich verschärfenden Konflikte in der Arbeitswelt, von denen einer der führenden amerikanischen Industriesoziologen bereits vor mehr als 20 Jahren schrieb: „Die größte Annäherung an einen Bürgerkrieg, den unsere Nation sich erlaubt, findet sich in der Gewalt oder angedrohten Gewalt, die hin und wieder im Bereich der industriellen Beziehungen erscheint" (W.E. Moore 1946, S. 399).

Eine ausführlichere Behandlung der beiden Fragenkomplexe, ohne auf jeden einzelnen Punkt eingehen zu können, setzt zuvor eine detailliertere Auseinandersetzung mit Prozessen der strukturellen und technischen Veränderungen, insbesondere der *Rationalisierung* gesellschaftlicher Arbeit unter den Bedingungen privatwirtschaftlich organisierter Industriegesellschaften voraus. Wenn in der Vergangenheit und gegenwärtig die Gefahren und Chancen des Einsatzes neuer Technologien (heute: Elektronik, Handhabungsautomaten/Industrieroboter, NC-Technik etc.) die sozialen Konflikte auf betrieblicher und gesamtgesellschaftlicher Ebene bestimmen (vgl. z.B. BMFT-Positionspapier 1979, Hauff 1978, Kalmbach 1978, Kern/Schauer 1978), wenn (heute) Tarifvertragsabschlüsse zum Rationalisierungs*schutz* (!) und zur Bestandssicherung in der Metall- und Druckindustrie notwendig werden, um einer Entqualifizierung der Arbeitskraft, Erhöhung der Arbeitsbelastungen und massenhaften Entlassungen vorzubeugen, sind der Zusammenhang von technischen Fortschritt und Rationalisierung kurz zu erläutern und vor allem die Merkmale der Rationalisierungsprozesse darzustellen. Erst auf diese Weise werden Veränderungen der Industriearbeit und der Arbeitsbedingungen einschließlich der Möglichkeiten ihres Wandels im Interesse der Arbeitnehmer verständlich.

4.2.1.1 Zur Charakterisierung von Rationalisierungsprozessen

Die folgenden Überlegungen nehmen einige Diskussionsergebnisse der Forschungsgruppe „Bauarbeit und Architektenausbildung" 1977 ff. auf, in welcher der Verfasser dieser Arbeit mitarbeitete. Wir hatten schon darauf hingewiesen, daß in den westlichen Industriegesellschaften der Produktionsprozeß Arbeitsprozeß und zugleich Verwertungsprozeß ist. Hier interessiert besonders der Produktionsprozeß als Verwertungsprozeß; in dieser „Eigenschaft" ist er Verwertung von Lohnarbeit durch das Kapital, Aneignung von unbezahlter Mehrarbeit. Treibende Kraft des Verwertungsprozesses ist, daß die produzierte Warenmasse mehr Wert enthält, als für ihre Erzeugung aufgewendet werden muß; mehr Wert zu produzieren, gelingt allein über die Arbeitskraft, die zu diesem Zweck von den Besitzern der Produktionsmittel auf dem Arbeitsmarkt „angeworben“ wird. Nach Marx gibt es zwei Methoden der Produktion von Mehrwert: Entweder durch eine Verlängerung des Arbeitstags und damit der unbezahlten Mehrarbeit (Erzeugung von absolutem Mehrwert) oder durch eine Steigerung der Arbeitsproduktivität und damit Verkürzung der notwendigen Arbeitszeit (Erzeugung des relativen Mehrwerts). Die Steigerung der Arbeitsproduktivität, die für unseren Zusammenhang wichtig ist, kann wiederum auf zwei Wegen erfolgen, nämlich erstens durch die Entwicklung der Arbeitsmittel, welche sich hauptsächlich im technischen Fortschritt ausdrückt, und zweitens durch Intensivierung der Arbeit, welche sich hauptsächlich in organisatorischen Maßnahmen niederschlägt. Für beide Wege gilt, daß diese Prozesse aus ökonomischen Motiven veranlaßt werden; sie vollziehen sich in der Konkurrenz der (Einzel-)Kapitale vordergründig als Strategien der Steigerung des Gewinns. Der Begriff der *Rationalisierung* bringt nun das *ökonomische* Moment dieser Prozesse zum Ausdruck; entsprechend läßt sich in technische Rationalisierungsprozesse (d.h. Steigerung der Arbeitsproduktivität durch technischen Fortschritt) und arbeitsorganisatorische Rationalisierungsprozesse (d.h. Steigerung der Arbeitsproduktivität durch organisatorischen Fortschritt) differenzieren. Rationalisierungsprozesse beziehen sich auf die menschliche Arbeitskraft, die Arbeitsmittel (Werkzeuge, Maschinen, technische Anlagen etc.), die Arbeitsgegenstände (Rohstoffe, Halbfertigteile, Fertigteile etc.) sowie auf deren Kombinations- und Einsatzformen innerhalb der Arbeitsabläufe. Aus dem Interesse des Unternehmers an einem reibungslosen Arbeitsablauf entwickelt sich seit Taylor 1919 eine „Wissenschaft der Betriebsführung“ in der Absicht, die Produktion mit dem Ziel verstärkter Rationalisierung zu verwissenschaftlichen. Taylor betrachtet den Industriebetrieb als ein rein ökonomisch-technisches Gebilde mit gegensätzlichen Interessenlagen: Profitinteressen auf Seiten des Unternehmers und dem Interesse des Arbeiters an möglichst hohem Lohn. Beiden Vorstellungen versucht Taylor durch Rationalisierung, Akkordentlohnung und Normierung der Industriearbeit weitgehendst zu entsprechen. Trotz vielfältiger Modifikationen und der Abkehr von bestimmten Grundhaltungen ist der „Taylorismus“ auch heute noch nicht überwunden und lebt in REFA- und MTM-System fort. Dessen ungeachtet entwickelt sich die Verwissenschaftlichung zum Zweck der Rationalisierung des Produktionsprozesses auf technologischer und arbeitsorganisatorischer Ebene ständig voran. In diesem Zusammenhang bewirken arbeitsorganisatorische Rationalisierungen technologische Veränderungen, technische Rationalisierungen dagegen eine Anpassung der Arbeitsorganisation. Dieser Bezug liegt jedoch nicht in technologischen Determinationen von Entwicklungsprozessen der Produktion begründet, wie Technokraten behaupten, sondern in stofflichen und gesellschaftlichen Bedingungen, welche die Produktion nach Form und Inhalt bestimmen (vgl. Mendner 1975, S. 183 ff.).

Die stofflichen Gesichtspunkte setzen die Rahmenbedingungen, unter denen sich der Mensch mit der je unterschiedlichen natürlichen (stofflichen) Seite der Produktion auseinandersetzen muß. Die gesellschaftlichen (ökonomischen und politischen) Aspekte markieren innerhalb der stofflichen Rahmenbedingungen den Grad der gesellschaftlichen Formbestimmung und Durchsetzbarkeit von Rationalisierungsabsichten. Unter diesen Vorzeichen zielt technische Rationalisierung auf die Ersetzung menschlicher Arbeitskraft durch einen höheren Mechanisierungsgrad der Produktion, vielfach in Verbindung mit Normierungsprozessen der Arbeitsmittel und einer Vereinheitlichung und/oder Vereinfachung der Form und/oder der Materialien der Arbeitsgegenstände, allgemeiner: in Verbindung mit Produktstandardisierungen. Die arbeitsorganisatorische Rationalisierung hat eine stärkere Arbeitsteilung im Visier, und zwar sowohl zwischen Hand- und Kopfarbeit als auch innerhalb von Hand- und Kopfarbeit. Diese Rationalisierung richtet sich darauf, möglichst einfache, also gering zu entlohnende, und mit Blick auf die menschliche Arbeitskraft leicht zu ersetzende, also weniger qualifizierte, Tätigkeiten zu erhalten. Zudem ist die Arbeitsteilung zugleich auch Voraussetzung zunehmend differenzierter Lohn-Leistungssysteme, wiederum ein weiteres Moment der arbeitsorganisatorischen Rationalisierung. Da die technischen und arbeitsorganisatorischen Maßnahmen sich nicht an den Bedürfnissen der menschlichen Arbeitskraft orientieren, sondern vielmehr die Technologie und Arbeitsorganisation ihre Formbestimmung aus den Kapitalinteressen erhält, welcher sich die Arbeitskraft zu unterwerfen hat, sind der Substitutionsgrad menschlicher Arbeitskraft und der Grad der Arbeitsteilung zugleich auch die Indikatoren von Arbeitsbedingungen und Arbeitsinhalten auf einer bestimmten Stufe der Rationalisierungsvorgänge.

Diese etwas abstrakte „Materie" gewinnt an Klarheit, wenn wir sie durch gegenwärtige Tendenzen und Zahlenbeispiele konkretisieren: Für das Beispiel der Metallindustrie kennzeichnen Kern/Schauer (1978, S. 273 f.) das Rationalisierungspotential durch

– verstärkte Mechanisierung und Effektivierung vorhandener Einrichtungen, welche nicht auf den Bereich der Fertigung selbst beschränkt bleiben, sondern in immer größerem Umfang auch die der Produktion vor-, neben- und nachgelagerten Bereiche wie Materialvorbereitung, Materialbereitstellung, Inspektion, Instandhaltung usw. erfassen, mit entsprechenden organisatorischen Veränderungen des Arbeitsprozesses
– die Weiterentwicklung von elektronischen Bauelementen (integrierte Halbleiterschaltungen, Einsatz von Industrierobotern), die die Fertigungsart entscheidend verändern: Zahl und Vielfalt der Montageoperation vermindern sich, zugleich eröffnen sich neue Möglichkeiten der Mechanisierung und Automatisierung

– spezielle Rationalisierungsverfahren in der Kleinserienfertigung mittels marktbezogener (Marktbereinigungen durch Kooperation und Verflechtung), produktbezogener (Anwendung des Baukastenprinzips) und fertigungstechnikbezogener Veränderungen (Selbststeuerung von Werkzeugmaschinen mit Magazinierung der Werkstücke und automatisierter Ein- und Ausgabe).

Dem entsprechen Rationalisierungsbestrebungen durch Maßnahmen der Kosteneinsparung, vor allem in der Form systematischen Personalabbaus und durch Veränderungen des Investitionsverhaltens (vgl. Kalmbach 1978, S. 458 f.). Angesichts gewandelter Absatzbedingungen (Erhöhung der Rohstoffpreise, technische Entwicklung bei ausländischen Konkurrenten, Wechselkursanpassungen etc.) besonders seit 1974/75 sind in der Bundesrepublik im Durchschnitt ca. 1 Million Arbeitnehmer arbeitslos, dabei ist der Anteil der Angestellten gegenüber der Wirtschaftskrise von 1966/67 mit 19 Prozent auf etwa 43 Prozent im Jahre 1976 gestiegen. Mit Blick auf das Investitionsverhalten der Unternehmer gilt: „1970 betrug der Anteil der Erweiterungsinvestitionen am gesamten Investitionsaufwand nach 55 %, 11 % entfielen auf Ersatzinvestitionen und 34 % auf Rationalisierungsinvestitionen. 1976 waren die Anteile dagegen folgende: 24 % Erweiterungsinvestitionen, 31 % Ersatzinvestitionen und 45 % Rationaliseriungsinvestitionen. Wenn man bedenkt, daß auch bei Ersatzinvestitionen in aller Regel die Rationalisierungsmöglichkeiten voll genutzt werden, gewinnt man einen Eindruck vom Ausmaß der vollzogenen Veränderung“ (ebenda).

Sind diese Tendenzen und Zahlenbeispiele auch auf die Bundesrepublik bezogen, spiegeln sie dennoch annähernd die Situation auch anderer westlicher Industriegesellschaften wider (für die USA z.B. kann man durchaus von noch schärferen Rationalisierungsmaßnahmen ausgehen, deren Auswirkungen aus dem Grunde besonders ins Gewicht fallen, weil das System der sozialen Sicherung in den Vereinigten Staaten ein unbestritten geringeres Niveau als in der Bundesrepublik besitzt). Rationalisierung in kapitalistischen Systemen, so können wir vorerst festhalten, zielt im wesentlichen auf eine Steigerung der Arbeitsproduktivität im Sinne einer besseren Kapitalverwertung, die psychischen, sozialen, kulturellen usf. Bedürfnisse der Arbeitnehmer spielen dabei offensichtlich eine untergeordnete Rolle.

4.2.1.2. Technische Entwicklung und Wandel der Industriearbeit

Die Auswirkungen des wissenschaftlich-technischen Fortschritts auf die Industrialisierung (Arbeit in der unmittelbaren materiellen Produktion und Büroarbeit im industriellen Bereich) werden seit den epochemachenden empirischen Forschungen von Kern/Schumann 1970 und Folgeuntersuchungen kontrovers diskutiert, nachdem die Annahme eines gesetzmäßigen Zusammenhangs zwischen technischer Entwicklung und industrieller Arbeit in dem „Drei-Phasen-Schema" von Blauner 1964, Bright 1958, Mallet 1972, Touraine 1955 für die 50er und 60er Jahre bestimmend war. Das „Drei-Phasen-Schema" unterscheidet in handwerklich geprägte Industrie, industrielle Massenfertigung mit Maschinen- und Fließbandproduktion und in automatisierte Produktion; es wird zunächst kurz skizziert (vgl. Oppolzer 1976, S. 58 ff.), um von daher die Kritik durch neuere Untersuchungen besser verstehen zu können.

In der Phase der *handwerklichen Produktion* ist danach das idealisierte Bild des Arbeiters als autonomer Handwerker vorherrschend. Hochqualifiziert benutzt er Werkzeuge und einfache Maschinen zur besseren Ausführung seiner Arbeit, welche die Herstellung eines vollständigen Produkts oder eines größeren Teils von einem komplexeren Endprodukt umfaßt. Zudem bestimmt er Arbeitsweise, Arbeitsvollzug und Arbeitstempo im wesentlichen selbst. Unter solchen autonomen Arbeitsbedingungen, in welchen der Arbeiter sein „eigener Herr" zu sein scheint, sind auftretende körperliche und geistige Belastungen erträglich; erstere verringern sich durch den Einsatz technischer Hilfsmittel und Maschinen, letztere stehen im Zusammenhang mit anspruchsvoller, befriedigender Arbeit und fallen daher nicht wesentlich ins Gewicht. Insgesamt machen hohe Autonomie und Dispositionsspielräume, Formen der Zusammenarbeit, vielfältige soziale Interaktionen, breite informelle Kommunikationsmöglichkeiten die Industriearbeit zur „Freude".

Ganz anders die Arbeit in der Phase der *Maschinen- und Fließbandproduktion*. Der Einsatz von Maschinen nimmt zu, arbeitsorganisatorische Rationalisierungen ebenso. Die Zerlegung des Arbeitsprozesses bis in Einzeltätigkeiten geringen Umfangs bewirkt die Unterteilung der Arbeit der Maschinen- und Fließbandarbeiter in wenige, nur geringe Qualifikationen erfordernde Handgriffe, welche immer wiederkehren und bald routinemäßig ausgeführt werden können. Monotonie wird zum Kennzeichen der Industriearbeit. Dem Rhythmus der Maschine unterworfen, verliert der Arbeiter die Selbstbestimmung seiner Arbeiten. Repetitive Teilarbeit und einseitige Arbeitsvorrichtungen haben hohe körperliche und psychische Belastungen zur Folge; die hochgradige Arbeitsteilung, das Arbeitstempo und die Gebundenheit des Arbeitsplatzes an Maschinen erschweren die Zusammenarbeit, die soziale Interaktion und informelle Kommunikation oder machen sie sogar unmöglich.

Eine menschengerechte Arbeit soll wiederum Merkmal der *automatisierten Produktion* sein. Die Ersetzung (Substitution) menschlicher Arbeitskraft durch die Einführung teil- und vollautomatisierter Maschinensysteme in dem unmittelbaren Produktionsprozeß erlaubt die Konzentration der menschlichen Arbeitskaft auf Funktionen der Kontrolle, Überwachung, Wartung und

Instandhaltung der Produktionsautomaten. Damit verbunden sind umfangreiche Tätigkeitskomplexe, welche Kenntnisse des Gesamtzusammenhangs der Produktionsanlage und des Produktionsprozesses erfordern und Formen extremer Arbeitszerlegung nicht oder kaum zulassen. Allerdings beziehen sich die vergleichsweise hohen Qualifikationsanforderungen vor allem auf schwierigere Angelerntenfunktionen, weniger auf Techniker- und Ingenieurtätigkeiten. Die Arbeitsbelastungen halten sich in zumutbaren Grenzen: Schwere körperliche Belastungen entfallen aufgrund des Einsatzes entwickelter Produktionstechnologien; geistige Belastungen, welche aus der unumgänglichen psychischen Anspannung bei der Überwachung und besonders aus dem Erfordernis kurzfristiger Störungsbeseitigung resultieren, können durch Regeneration und Kommunikation ausgeglichen werden. Zudem ergeben sich bei der Überwachungstätigkeit vielfältige soziale Interaktionen und informelle Kontakte, da weder der Arbeitsplatz noch die Aufgabe starre Fixierungen vorgeben, stattdessen Kooperation, Flexibilität und hohe Verantwortung die Kennzeichen sind.

Bei aller Gemeinsamkeit, welche die Autoren in der optimistischen Einschätzung des Verhältnisses von technischem Fortschritt und Veränderungen der Industriearbeit charakterisiert, begreifen sie diesen Zusammenhang auch differenziert. So vertritt Blauner wohl eher einen „technologischen Determinismus", während sich für Touraine die Requalifizierung der industriellen Arbeit (hohes technisches Wissen, steigende Verantwortung) in der automatisierten Produktion als Ergebnis eines die drei Phasen durchlaufenden widersprüchlichen Prozesses darstellt, in welchem der Untergang der handwerklichen Produktion und der Aufstieg der automatisierten Produktion sich in einer „Übergangsphase" der industriellen Massenfertigung vermitteln. Hier wiederum regt sich der Widerstand von Bright, welcher ebenfalls zu nächst an höheren Qualifikationsentwicklungen in der Automatisierungsphase festhält, mit zunehmender Ausbreitung dieser Phase jedoch mit entqualifizierten Tätigkeiten rechnet. In diese Richtung argumentiert auch jüngst Braverman 1977.

Die grobe Vorgehensweise, Entwicklungsstadien der Technologie undifferenziert nach isolierten technischen Prinzipien zu benennen, lehnen Kern/Schumann entschieden ab, vor folgendem Hintergrund: „In einem entwickelten Produktionssystem verwirklicht sich das kapitalistische Interesse an der Erhöhung der Produktivkraft der Arbeit vor allem durch die ständige Revolutionierung der Produktionstechnik. Der permanente technische Wandel bildet ein charakteristisches Merkmal der industriell-kapitalistischen Produktion – technische Neuerungen werden zu einem wesentlichen Mittel der Realisation der Verwertungsinteressen des Kapitals" (1970, S. 23). Aus dieser Sicht wird die Substitution menschlicher Arbeitskraft durch technische Hilfsmittel im

Produktionsprozeß zum Hauptkriterium technologischer Entwicklung und damit ihrer Periodisierung. Kern/Schumann entwickeln dementsprechend ein Klassifikationsschema zur Kennzeichnung des Mechanisierungsgrads der Produktionsmittel, welches neun Stufen (vom reinen Handbetrieb bis zur vollautomatisierten Fertigung) umfaßt und innerhalb dieser Stufenfolge nach prämechanisierten (der Arbeitsprozeß ist allein durch menschliche Leistungen bestimmt), mechanisierten (im Arbeitsprozeß wird die menschliche Leistung durch Werkzeuge, Maschinen und technische Anlagen verdrängt) und automatisierten Produktionsverfahren (Automaten übernehmen die Produktion) differenziert.

Stufe 1:	reiner Handbetrieb	prämechanisiert
Stufe 2:	Fließbandfertigung	
Stufe 3:	einfunktionale Einzelaggregate mit permanenten manuellen Arbeiten	mechanisiert
Stufe 4:	Einzelaggregate mit permanenten Eingriffen über Bedienungsinstrumente	
Stufe 5:	Multifunktionale Einzelaggregate ohne permanenten Eingriff durch den Menschen	
Stufe 6:	Aggregatsysteme	
Stufe 7:	teilautomatisierte Einzelaggregate	automatisiert
Stufe 8:	teilautomatisierte Aggregatsysteme	
Stufe 9:	vollautomatisierte Fertigung	

Quelle: Kern/Schumann (1970, Bd. II, S. 83, Tab. III/2)

Die Arbeitssituation bestimmen die Autoren mit Hilfe einer Analyse des Arbeitsinhalts (festgelegt durch Kontrollaufgaben, direkt produktive Funktionen, mittelbar produktive Funktionen, unproduktive Aufgaben, soziale Funktionen) und des Arbeitsverhaltens, geprägt durch Autonomie, Qualifikation, Belastung, Interaktion. Die so grundgelegte Typologie industrieller Arbeitsarten wird nun auf die unterschiedlichen Mechanisierungsstufen bezogen; das wiederum führt zu sechs typischen Tätigkeitsgruppen (vgl. Herkommer/Bierbaum 1979, S. 1o4):

1. Die handwerkliche Arbeit am Produkt mit hoher Autonomie und Sozialkontakten (Mechanisierungsstufe 1).
2. Die repetitiven Teilarbeiten mit geringer Autonomie, Qualifikation, Dispositionsspielraum und schwachen sozialen Kontakten; typische Tätigkeiten bei Übergang zur mechanisierten Produktion (Mechanisierungsstufen 2 und 3).
3. Die Steuer- und Führungsarbeiten in der mechanisierten Produktion mit relativer Autonomie, Qualifikation (technische Intelligenz) und breitem Dispositionsspielraum (Mechanisierungsstufen 4 und 6).

4. Die Automatenkontrolle mit zwar veränderten, jedoch stufengleichen Erfordernissen wie die repetitive Teilarbeiten (Mechanisierungsstufe 7).
5. Die qualifizierten Automationsarbeiten mit stark konventionellen Zügen mit relativ hoher Qualifikation und relativem Dispositionsspielraum (Mechanisierungsstufen 7 und 8).
6. Die Meßwartentätigkeit mit geringen Arbeitsbelastungen, guten Sozialkontaktmöglichkeiten und beträchtlichen Qualifikationsanforderungen (technische Intelligenz) (Mechanisierungsstufe 9).

Die Hauptergebnisse der Studie lassen sich so zusammenfassen (Kern/Schumann 1970, 136 ff.):

a) Im Prozeß der technischen Entwicklung hat sich die Bandbreite der Industriearbeit entscheidend erweitert.
b) Auch bei automatisierten Produktionsverfahren finden sich mit der Automatenkontrolle stark restriktive Tätigkeiten mit geringer Qualifikation und hoher Belastung.
c) Das von den Vertretern des „Drei-Phasen-Schemas“ behauptete Entwicklungsgesetz bezüglich der Arbeitsveränderungen im Zuge technologischem Fortschritts trifft die Wirklichkeit nicht; automatisierte Verfahren bewirken weder eine generelle Requalifizierung und Aufhebung der Entfremdung (s. Automatenkontrolle) noch führt sie zu einer allgemeinen Dequalifizierung (s. Meßwartentätigkeit).
d) Einem gegebenen technischen Niveau muß die vorgefundene Arbeitsplatzstruktur nicht unmittelbar entsprechen; Kern/Schumann halten die Arbeitsplatzstruktur für durchweg „konservativer“ als den Mechanisierungsgrad.
e) Der These, daß in der automatisierten Produktion die Entfremdung der Arbeit abnehme, dagegen die Qualifikation und Autonomie anstiegen, stellen die Autoren ihre Thesen der „Differenzierung der Gesamtgruppe der Industriearbeiter“ und der „Polarisierung der Belegschaften an den technisch fortgeschrittensten Aggregaten“ entgegen.
f) Im Unterschied zu unmittelbaren Produktionsarbeitern kommen den Instandhaltungsarbeiten größere Dispositionsmöglichkeiten zu, welche jedoch wegen der zunehmenden Bedeutung der Instandhaltungstätigkeiten mit dem technischen Fortschritt mehr und mehr Rationalisierungen zugänglich gemacht werden und auch in diesem Bereich daher restriktivere Arbeitsformen erwarten lassen.

Fazit: Technischer Fortschritt führt nicht automatisch zu einer allgemeineren Verbesserung der Arbeitsformen und Arbeitsbedingungen, verbunden mit höheren Qualifikation und höheren Dispositionsspielräumen. Stattdessen ist eine differenziertere Betrachtung notwendig, die neben restriktiven Arbeitsformen und hoch belastenden Tätigkeiten auch qualifizierte und je individuelle Spielräume vermehrende Tätigkeitsgruppen ausfindig macht. „Die im Produktionsprozeß tätigen Arbeiter lassen sich daher.. hinsichtlich Arbeitssituation, Arbeitsplatz und auch Bewußtsein nicht mehr zu einem einheitlichen Arbeitskörper zusammenfassen" (Herkommer/Bierbaum 1979, S. 105).

Die Kritik an Kern/Schumann lobt den Wert ihrer deskriptiv angelegten Untersuchung und der empirischen Ergebnisse. Sie bemängelt aber den nicht eingelösten Anspruch, neben dem Arbeitsprozeß als einen Teil des Produktionsprozesses auch das Verwertungsinteresse des Kapitals in der technisch-organisatorischen Rationalisierung und deren Entwicklungsrichtung aufzuzeigen. Diesen Mangel zu beheben beansprucht die Arbeit von Mickler u.a. 1976, die sich als Fortführung und Kritik der Kern/Schumann Untersuchung versteht und sich auf automatisierte Produktionsverfahren in der Zement-, Mineralöl- und Elektrizitätsindustrie konzentriert.

Ausgangspunkt ihrer Studie ist die Überzeugung, daß Unternehmensentscheidungen primär am Rentabilitätsprinzip und an dem die Aneignung des Gewinns garantierenden Prinzip der privaten Verfügung orientiert sind, also technische Neuerungen vorwiegend der Absicherung der erwirtschafteten Gewinne dienen. Das hat wesentliche Konsequenzen. In der Absicht, mit möglichst geringem Kapitalaufwand und geringen Betriebskosten eine hohe Produktionssicherheit, also einen kontinuierlichen Betrieb der Produktionsanlage zu gewährleisten, werden die Arbeitsorganisation und damit wesentliche Aspekte der Arbeitserleichterung und Qualifikation diesem Ziel untergeordnet. Kontinuität im Betrieb und Kostengünstigkeit jedoch sind in der Phase der Installierung und Erprobung der Anlage (Anfahrphase) und in der Phase des Vollbetriebs nur über unterschiedliche Formen der Arbeitsorganisation zu erreichen; der Nachweis eben dieser Unterschiedlichkeit zählt zu den Hauptergebnissen der Untersuchung:

In der Anfahrphase mit großen Unsicherheiten (Störanfälligkeit) prägen hohe Personalbesetzung und strenge Arbeitsteilung die Arbeitsorganisation (vgl. Herkommer/Bierbaum 1979, S. 108). Ist die Vorbetriebsphase eingeleitet, gehen die Betriebe dazu über, durch arbeitsorganisatorische Rationalisierungsmaßnahmen Personal abzubauen, also die Personalkosten zu senken, mit der Folge steigender Arbeitsintensivierung und der Ersetzung strenger Arbeitsteilung durch eine flexiblere Arbeitsorganisation in Form eines Arbeitereinsatzes an mehreren Arbeitsplätzen (job rotation) und einer Erweiterung der Arbeitsfunktionen (job enlargement). Führt auch die Abkehr von tayloristischen Prinzipien der fremdbestimmten Arbeitsgestaltung unter den Bedingungen automatisierter Produktion zu eher selbstbestimmten Arbeitsstrukturen, lassen sich dennoch nach wie vor restriktive Arbeitsarten in Form hoher Spezialisierung sowie Qualifikations- und Belastungsunterschiede in der Arbeit ausmachen. Dem widerspricht ebenfalls nicht die festgestellte Aufhebung der für den Taylorismus typischen Trennung von Kopf- und Handarbeit im Bereich der Automation; zwar ist die Organisation des Arbeitsprozesses als Verwertungsprozeß eine andere, sie hebt damit aber nicht die Bestimmung des Produktionsprozesses als Einheit von Arbeitsprozeß und Verwertungsprozeß auf. Das wiederum belegen die Autoren anhand einer Analyse von vier verschiedenen „Arbeitstypen", für die sich eine zweifelsfreie Unterordnung der Arbeit in die strukturelle und technische Verfassung des Arbeitsprozesses und in den Arbeitsbedingungen ergibt. „Wartenfahrer, eine der Meßwartentätigkeit vergleichbare Tätigkeit, und Instandhalter benötigen in hohem Maße technische Intelligenz, sind also relativ qualifiziert; Anlagenkontrolleur und Laborant hingegen üben komplexe Angelerntentätigkeit aus. Hinsichtlich des Dispositionsspielraums ... lassen sich Produktionsarbeiter – Wartenfahrer und Anlagenkontrolleur – und Laboranten einerseits, Instandhalter andererseits unterscheiden. Denn die Tätigkeit der Instandhalter ist nicht in dem Maße vom Arbeitsrhythmus der Produktionsanlage bestimmt wie die der anderen" (Herkommer/Bierbaum 1979, S. 109 f.). Diese Ergebnisse bestätigt die von Mickler u.a. 1977 durchgeführte Untersuchung zur „Produktion und Qualifikation".

Diesem Überblick zu Veränderungen der Arbeit in der unmittelbaren Produktion im Verlauf des wissenschaftlichtechnischen Fortschritts folgen einige Hinweise zum Wandel der Büroarbeit im industriellen Bereich. Wir beziehen uns dabei vor allem auf ältere Studien von Bahrdt 1958, Braun 1963, Braun/Fuhrmann 1970 u.a., die für unser Veränderungsinteresse grundlegend sind und auf welchen neuere Veröffentlichungen wie z.B. Brandt u.a. 1978, Fuhrmann 1978, Kadritzke 1975 u.a., die hier nicht diskutiert werden können, aufbauen und sie fortentwickeln.

In der historischen Entwicklung des industriellen Büros steht zu Beginn das *Fabrikkontor* mit geringer Arbeitsteilung, überschaubarem Arbeitsprozeß für jeden Angestellten, Aufstiegschance nach dem Senioritätsprinzip und Qualifikationsanforderungen, die man sich im Verlauf der Arbeitstätigkeit im Kontor allmählich aneignete. Das ändert sich bereits mit dem Aufkommen des *Vorzimmerbüros* in Abhängigkeit der Entwicklung zum industriellen Großbetrieb. Verschiedenen Teilbereichen der Leitung, Organisation und Verwaltung im Industriebetrieb zugeordnet, wird Arbeitsteilung unumgänglich; die Technisierung der Büroarbeit beginnt mit einfachen Schreib- und Rechenmaschinen, die vor allem von Frauen bedient werden („Feminisierung des Büros", Pirker). Es entsteht die soziale Schicht der Büroangestellten innerhalb der Arbeiterklasse mit geringen beruflichen Aufstiegsmöglichkeiten. Die Konzentration und Zentralisation des Kapitals in der industriellen Produktion führt zum *Großbüro,* das neben die verschiedenen Vorzimmerbüros tritt und diese von Routinearbeiten entlastet. Der rigiden Kontrolle durch Vorgesetzte in den Schreibsälen unterworfen, ist die Arbeit meist restriktiv: Einfache, routinemäßige Schreibarbeiten bestimmen den Arbeitsinhalt, welche kaum hohe Qualifikation voraussetzen; Rationalisierungen durch automatische und elektronische Datenverarbeitung tragen häufig noch zum Verkümmern des geistigen Arbeitsvermögens bei; die Belastungen durch Lärm, physische Nähe einer Vielzahl von Kollegen u.a.m. erscheinen hoch; Aufstiegsmöglichkeiten sind gering. Hinzu kommt die hohe Fluktuationsrate in der Saalbelegschaft, so daß bereits bestehende begrenzte Sozialkontakte und Kommunikationsmöglichkeiten für die Masse der in den Großbüros arbeitenden Menschen zusätzlich geschmälert werden.

Die Technisierung der Büroarbeit, die nicht notwendigerweise der historischen Entwicklung des Büros entspricht, vollzieht sich in drei Hauptphasen. Einer *instrumentalen* Phase mit einfachen Schreib-, Rechen- und Vervielfältigungsmaschinen folgt die Phase der *Büromaschinen* (Lochkarten- und Hollerithmaschinen) mit eindeutigen Rationalisierungs- und Kosteneinsprarungsabsichten. Sie wiederum ist inzwischen weitgehend durch die Phase der automatischen und elektronischen *Datenverarbeitung* (ADV und EDV) abgelöst, mit der Folge einer „Technisierung ganzer Komplexe von Bürotätigkeiten" (Oppolzer). Im Gefolge dieser Entwicklung entstehen neue Berufe wie Projektierer, Planer, Systemanalytiker, Programmierer, Operateure usf., welche insgesamt zur Steigerung der Arbeitsproduktivität wie zur Senkung des Personalkostenanteils im Gesamtbetrieb erheblich beitragen.

Die Veränderungen der Büromaschinen wiederum ziehen Arbeitswandel im industriellen Büro nach sich. *Leistungs- und Kontrolltätigkeiten* auf der Ebene des mittleren und gehobenen Managements und einiger Sachbearbeiter erfordern hohe Qualifikationen in den Bereichen der Organisation, Disposition, Planung, Verhandlung und Kontrolle. Formulararbeiten mit repetitiven Merkmalen im Bereich der Buchhaltung, Lohn- und Gehaltsabrechnung etc. werden verstärkt der Rationalisierung unterworfen; die Angestellten benötigen für Zulieferarbeiten zu den Büromaschinen nur noch geringe Qualifikationen. Ebenso verhält es sich mit den *Korrespondenztätigkeiten;* im Bereich der *Handlungstätigkeiten* für Einkaufs- und Verkaufsaufgaben wiederholen sich die Arbeitsvorgänge, setzen von daher kaum über ein gewisses Niveau hinausgehende Qualifikation voraus; zudem ist der Dispositionsspielraum durch Arbeitsanweisungen und Arbeitsorganisation beschränkt. Die Hantierungsarbeit an Büromaschinen erfordert neben Geschicklichkeit und Fingerfertigkeit keine besonderen Qualifikationen; sie ist zugleich mit einseitiger Arbeit verbunden, mit teilweise hohen körperlichen und geistigen (Zeitdruck)

Belastungen. Die *Bedienungs- und Überwachungsarbeiten* an komplexen Büromaschinen und automatisierten Maschinensystemen erfordern Qualifikation mittleren „Niveaus", sie beziehen sich auf einfache Bedienungsaufgaben der Anlage und Eingaben von Programmen und Daten für Maschinenbediener und Tabellierer. Schließlich ist die Überwachungstätigkeit an automatischen Bürosystemen von einer letztlich monotonen Arbeit des gelegentlichen Regulierens und Bedienens der Instrumente geprägt, hier herrschen passive Elemente der Kontrolle und Überwachung vor.

Nach diesem kurzen Abriß zu technischen Veränderungen in der Büroarbeit und ihren Auswirkungen kehren wir zum industriellen Produktionsbereich zurück und beschäftigen uns ausführlicher mit dem Wandel der Arbeitsbedingungen aufgrund technischen Fortschritts.

4.2.1.3 Entwicklung der Arbeitsbedingungen

Die technischen und arbeitsorganisatorischen Veränderungen im Produktionsprozeß als dem „Kernstück der industriellen Unternehmung" (Herkommer/ Bierbaum) ziehen Veränderungen der Arbeitsbedingungen nach sich, welche die relevante Literatur allgemein durch die Qualifikationsanforderungen, Belastungsdimensionen und das Verhältnis von Lohn und Leistungen bestimmt sieht. Obwohl bereits traditioneller Gegenstand industriesoziologischer Forschung, haben die bisher vorliegenden Analysen auf allen drei Gebieten, besonders aber hinsichtlich des Lohn-Leistungsverhältnisses eher punktuellen Charakter, die allenfalls Tendenzen der Entwicklung von Arbeitsbedingungen herausarbeiten, jedoch noch nicht gesicherte, sich fachuniversaler Anerkennung erfreuende Auskünfte geben. Indiz für die gegenwärtige Unsicherheit einer eindeutigen Charakterisierung von Arbeitsbedingungen ist nicht zuletzt die Vielzahl der im Aktionsprogramm „Humanisierung des Arbeitslebens" der Bundesregierung in Auftrag gegebenen Studien, deren Resultate (z.B. Mergner u.a. 1975) heiß umstritten sind, vor allem auf den unterschiedlichen Konfliktebenen zwischen Gewerkschaften und Unternehmerverbänden. Indiz ist aber auch die Tatsache, daß universitäre und private Institutionen (z.B. das sozialwissenschaftliche Forschungsinstitut in Göttingen, die Westberliner Projektgruppe „Automation und Qualifikation", das Frankfurter Institut für Sozialforschung u.a.) gerade erst während der letzten fünf Jahre wichtige Arbeiten zu diesem Kontext veröffentlicht haben und ihre zukünftigen Forschungsabsichten wesentlich auf den Themenbereich der Arbeitsbedingungen richten wollen. Auslöser dieser Forschungsaktivitäten ist – wie gesehen – die in der Kern/Schumann-Studie begründete Widerlegung der im „Drei-Phasen-Schema" entwickelten Auffassung von einer generellen Abnahme der Arbeitsbelastungen und der Erhöhung des Qualifikationsniveaus der Arbeiter im Zuge des technischen Fortschritts; diese Arbeit eröffnete Forschungsperspektiven, die weit in die 80er Jahre unseres Jahrhunderts hineinreichen und für den Entwicklungszusammenhang der kapitalistischen Industriegesellschaften wie der Dritten Welt in zunehmenden Industrialisierungsprozessen von Bedeutung sein dürften.

Qualifikation

Wir beginnen mit dem Qualifikationsaspekt und beschäftigen uns zunächst mit der über Kern/Schumann hinausgehenden Arbeit von Mickler u.a. 1977. Die Untersuchungen von technisch-organisatorischen Umstellungen in der Produktion (Ablösung von handwerklicher durch mechanisierte Fertigung in der Druck-, Möbel-, Bau- und feinmechanischen Industrie); Teilautomatisierung bereits mechanisierter Fertigungsprozesse im Werkzeugmaschinenbau; Rationalisierung innerhalb teilautomatisierter Fertigungsprozesse führt zu folgenden Veränderungen in den Qualifikationsanforderungen (vgl. Herkommer/Bierbaum 1979, S. 114 f.):

1. Breit qualifizierte Facharbeitertätigkeiten werden auf fachlich eingeschränkte Tätigkeiten reduziert, d.h. die Qualifikation ist arbeitsvollzugsspezifisch und nur schwer auf andere Arbeitsprozesse übertragbar. 2. Dennoch bestehen Bereiche mit fachlich breit qualifizierten Tätigkeiten fort; zwar ändern sich die Arbeitsinhalte, jedoch bleiben hohes Wissen und Können außerordentlich bedeutsam. 3. Zugleich entstehen fachlich qualifizierte und hochqualifizierte Arbeitsmöglichkeiten in den Bereichen der Arbeitsvorbereitung und der Koordination wie aufgrund neuer Aufgaben, z.B. Programmieraufgaben; diese Tätigkeiten setzen organisatorische bzw. technische Intelligenz bei hohem fachlichen Können voraus und verändern die Qualifikationsanforderungen in Richtung auf abstrakte technische Fähigkeiten, die über den unmittelbaren Arbeitsprozeß hinausgehen. Jedoch stellt sich heraus, daß lediglich eine Minderheit der Arbeiter in den Genuß der im 2. und 3. Punkt beschriebenen Veränderungen kommt, während die Mehrheit der Arbeiter mit Tätigkeiten betraut ist, die nur geringe Qualifikationen erfordern. Die von Kern/Schumann erstmals vertretene These von der *Polarisierung der Qualifikationsanforderungen* wird durch Mickler gestützt: Eine Minderheit führt fachlich qualifizierte Tätigkeiten aus, die Mehrheit jedoch bleibt einfachen, anlernbaren Ausführungstätigkeiten verhaftet. Unterstützung findet diese These auch durch die Literaturstudien von Mergner 1975 wie auch von Dähne/Priester 1978. Und trotz ihrer Kritik an der Polarisierungsthese kommt auch Krais zu dem Ergebnis, daß nicht von einem allgemeinen Qualifikationsanstieg gesprochen werden kann, zumal selbst die in der Instandhaltung und Arbeitsvorbereitung entstehenden neuen qualifizierten Tätigkeiten „oft in nachfolgenden technisch-organisatorischen Änderungen wieder eine Reduzierung

der Qualifikationsanforderungen (erfahren)" (zitiert in Herkommer/Bierbaum 1979, S. 116).

Zurückhaltender bewertet diese Resultate allerdings die Projektgruppe „Automation und Qualifikation" 1975 ff. Sie geht von der These aus, daß die Produktivkraftentwicklung mit der Automation eine Stufe erreicht habe, die hohe wissenschaftlich-technische Anforderungen an die menschliche Arbeitskraft knüpfe; jedoch verhindere die kapitalistische Produktion die mit der Automation erstmals mögliche Befreiung der Arbeit von minderen Qualifikationsanforderungen.

Zusammenfassend gilt: In der Gegenwart treffen eindeutige Höherqualifizierungsprozesse nur für eine kleine Gruppe von Industriearbeitern zu, die jedoch selbst wiederum in zukünftig geringer qualifizierte Tätigkeiten umzuschlagen drohen und damit die an Facharbeiterqualifikationen armen, minder qualifizierten angelernten Tätigkeiten vergrößern. Hier liegen breite Aufgabenfelder besonders auch für von Gewerkschaften zu erarbeitende und durchzusetzende Problemlösungen.

Belastungen

Die These der „Drei-Phasen"-Theoretiker und ihrer Anhänger, Belastungen in der Produktion und im Büro gingen mit der Technisierung industrieller Arbeit zurück, bleibt angesichts neuerer Forschungsergebnisse Illusion denn Wirklichkeit. Insgesamt zeigen sie, daß Tätigkeiten der Maschinenbedienung, der Fließband- und Taktarbeiten nach wie vor durch hohe körperliche Belastungen charakterisiert sind, in vielen Fällen sogar verstärkt auftreten angesichts hoher Arbeitsgeschwindigkeiten und gesteigerter Leistungsnormen (vgl. z.B. Vetter 1974); daß psychische Belastungen (Streß und Monotonie) zugenommen haben (vgl. z.B. die Untersuchungen des Instituts für Arbeitsmarkt und Berufsforschung seit 1972 ff.); daß Nacht- und Schichtarbeit, Zwang zu Überstunden und negative Umgebungseinflüsse (Klima, Lärm, Staub etc.) die Belastungen wesentlich verstärken (vgl. z.B. Kasiske 1976); daß die Entwicklung der Arbeitsunfälle, der Berufskrankheiten und der Frühinvaliditätsrate besorgniserregend voranschreitet und zusätzliche Belastungen darstellen (vgl. z.B. Priester 1978, Karmaus u.a. 1979). Aus all diesem geht ein Anwachsen des berufsbedingten gesundheitlichen Verschleißes der menschlichen Arbeitskraft hervor, eine Entwicklung, die im folgenden exemplarisch dokumentiert werden soll.

Betrachten wir die nervlich-psychische Belastung. Volkholz (1977, A 166) belegt den Spitzenplatz dieser Belastungsart unter den geäußerten Kritikpunkten am Arbeitsplatz wie folgt:

Tabelle 1: Kritik am Arbeitsplatz, Bundesrepublik Deutschland 1972 und 1975

	August 1972 n = 549	August 1975 n = 611
Nervliche Belastung	36 %	42 %
Hektik, Zeitdruck	32 %	34 %
Körperliche Anstrengung	21 %	22 %
Schmutz, Staub, schlechte Luft	20 %	17 %
Hitze, Nässe, Feuchtigkeit, Kälte	19 %	16 %
Lärm	15 %	17 %
Routine, keine Abwechslung	14 %	16 %
Verantwortung für andere	13 %	18 %
Unfallgefahr	11 %	13 %
Keine Angaben	13 %	18 %

Prozentangaben beziehen sich auf die Berufstätigen insgesamt.

Frage: Im allgemeinen hat jeder Arbeitsplatz seine guten und seine schlechten Seiten. Wie ist das bei Ihnen: Was finden Sie an Ihrer jetzigen Arbeitsstelle eher schlecht oder störend? (Den Befragten wurde eine Karte vorgelegt. Mehrfachnennungen möglich)

Quelle: Volkholz (1977, A 166)

Unter dem Gesichtspunkt der Belastungen aus der betrieblichen Umgebung steht der Lärm mit Schwerhörigkeits- und Taubheitsfolgen inzwischen an erster Stelle bei gleichzeitiger Stagnation oder sogar Zunahme der Silikose und Zunahme der Hauterkrankungen (vgl. Mergner u.a. 1975 und Unfallverhütungsbericht der Bundesregierung 1976).

Tabelle 2: Die drei häufigsten Berufskrankheiten (angezeigte Fälle) 1949, 1959, 1969 bis 1975

Jahr	Lärmschwerhörigkeit und Lärmtaubheit	Quarzstaublungenerkrankung (Silikose)	Hauterkrankungen
1949	26	23698	1784
1959	129	6599	6197
1969	1833	5814	6997
1970	2007	5244	6642
1971	3163	4964	6852
1972	4606	5482	7580
1973	6337	5241	8327
1974	9890	5673	7756
1975	12418	6324	7800

Quelle: Mergner u.a. 1975, Unfallverhütungsbericht 1976

Bemerkenswert ist, daß auch die Silikoseerkrankungen trotz sinkender Beschäftigtenzahl im Bergbau sich erneut häufen. Im Gesamt arbeitet in der

Bundesrepublik jeder 5. Arbeitnehmer unter Bedingungen, die sein Gehör und Nervensystem gefährden; die Zahl der beruflich bedingten Krebserkrankungen und Hautkrankheiten steigt noch immer ununterbrochen, d.h. die aus der Chemisierung der Produktion entstehenden Gefahren sind noch nicht unter Kontrolle, zumal immer noch chemische Stoffe in den Produktionsprozeß gelangen, ohne vorher auf ihre Giftigkeit geprüft zu sein (vgl. Kasiske 1976).

Hinzu treten Belastungen aus der Arbeitszeit: Die Zahl der *Schichtarbeiter*, unabhängig davon, ob Nacht- oder Tagschicht gearbeitet wurde, nahm zwischen 1960 und 1975 um 3,6 Millionen Beschäftigte oder 164 % zu, während die Gesamtzahl der Erwerbstätigen in dieser Zeit um lediglich ca. 19 % stieg. 1975 arbeitete also jeder 4. Arbeitnehmer in Schicht, 1960 erst jeder 8.. Die Zahl der *Nachtarbeiter* stieg von 1965 auf 1972 um etwa 600.000 Arbeitnehmer oder 25,7 %; *Sonn- und Feiertags* arbeiteten 1972 etwa 2,8 Millionen Erwerbstätige, etwa 1/3 mehr als 1965 (vgl. Dähne-Priester 1978, S. 61 ff.). Abschließend werden einige Ergebnisse einer erst im Mai 1979 durchgeführten Untersuchung der Industriegewerkschaft Metall in der baden-württembergischen Metallindustrie auf der Basis von rund 100.000 Fragebögen aus etwa 500 Betrieben vorgestellt.

Nach Angaben des zuständigen Bezirksleiters (vgl. Frankfurter Rundschau vom 30.8.1979) fühlen sich 66,9 % zunehmendem Leistungsdruck ausgesetzt. Nach Ansicht der Befragten liegen die Ursachen für häufig genannte gesundheitliche Gefährdungen besonders in den betrieblichen Bedingungen. Obwohl sich 54 % der Arbeitnehmer nicht gesund fühlen, befürchtet 1/3 von ihnen Nachteile, wenn sie von einem Arzt krankgeschrieben werden. Die Aufstiegschancen im Betrieb sind bei mehr als der Hälfte der Arbeiter, 1/3 der Angestellten und 56 % der Frauen „gleich Null“; diese Zahlen zeigen dem Bezirksleiter zufolge, daß industrielle Arbeit als „perspektivlos“ betrachtet wird. Mehr als 40 % der Arbeitnehmer üben nach innerbetrieblichen technischen Rationalisierungen veränderte Arbeitstätigkeiten aus; dabei erfuhr knapp 1/3 eine zusätzliche Qualifizierung, 11 % mußten eine Dequalifizierung hinnehmen. Auf die Frage, ob sie bei der Arbeitsgestaltung auch nach ihrer Meinung gefragt werden, antworteten 58 % mit nein, davon 68 % Arbeiter und 35 % Angestellte. Über die Auswirkungen der Arbeitsbedingungen auf das Privatleben macht die Studie folgende Angaben: 60 % der Arbeitnehmer können werktags nie mit ihrer Familie frühstücken; 50 % müssen zwischen 5.00 und 6.00 Uhr aufstehen, Arbeiter früher noch als Angestellte; jeder 2. Arbeitnehmer ist länger als 10 Stunden täglich außer Haus; jeder 4. klagt über schlechte Verkehrsverbindungen; 1/3 der Arbeitnehmer kann nicht ungestört schlafen, jeder 2. Schichtarbeiter leidet unter Schlafstörungen. Das Freizeitverhalten bleibt passiv: Auf die Frage nach der Feierabendbeschäftigung nannten 60 %

Fernsehen; 55 % der Angestellten und 30 % der Arbeiter gaben auch an, zu lesen; 27 % der Angestellten und 14 % der Arbeiter nannten Weiterbildung.

Fassen wir zusammen: Von einem „Leichterwerden" der Industriearbeit im Verlauf der industriellen Entwicklung kann keine Rede sein, vielmehr steht die menschliche Arbeitskraft permanent vor allem in der wirtschaftlichen Krise „unter dem Risiko, überflüssig, abgenutzt und verschlissen zu werden und damit nicht mehr oder nur schwer verkäuflich zu sein. Das Hauptrisiko der Lohnarbeit liegt so in der Lohnarbeit selbst begründet" (Herkommer/Bierbaum 1979, S. 126).

Verhältnis Lohn-Leistung

Wenden wir uns schließlich kurz dem Verhältnis von Lohn und Leistung zu, besonders in Form der Leistungs- und Prämienlohnsysteme. Die Entwicklung der Entlohnungsformen ist Gegenstand der Arbeit von Schmiede/Schudlich 1976; aus ihr geht eindeutig hervor, daß die Geschichte der Entlohnung in Verbindung mit den technischen und organisatorischen Veränderungen der unmittelbaren materiellen Produktion kapitalistischer Prägung wie auch im Rahmen der sozialen Konflikte zwischen Kapital und Arbeit betrachtet werden muß (eine präzise Aufarbeitung und Kritik vorliegender Arbeiten zu diesem Thema bieten auch Herkommer/Bierbaum 1979, S. 131-188). Mit höherem Rationalisierungsniveau erreicht der *Leistungslohn* (Akkord- und Prämienlohn) zunehmend eine beherrschende Stellung. Wie Helfert belegt, hat der Anteil der Leistungslöhner an den beschäftigten Arbeitern zwischen 1966 und 1972 in einem Umfang zugenommen, daß annähernd 40 % der Arbeiter und mehr als 50 % der Arbeiterinnen im Leistungs- und Prämienlohn arbeiteten, vor allem in der die nur gering qualifizierten Arbeitskräfte zusammenfassenden Leistungsgruppe 3 (1976, S. 482). Dabei entwickelte sich der Prämienlohn wie folgt:

Tabelle 3: Anteile der Prämienlöhne bei Arbeitern im Produzierenden Gewerbe nach Leistungsgruppen 1966 und 1972 (in Prozent)

	Leistungsgruppe (LG):			
Jahr	alle LG	LG 1	LG 2	LG 3
männliche Arbeiter:				
1966	9,3	6,6	14,5	9,2
1972	15,0	13,2	19,0	14,0
weibliche Arbeiter:				
1966	8,4	4,5	8,2	9,1
1972	12,3	10,2	12,0	12,8

Quelle: Helfert (1976, S. 482)

Im Ergebnis arbeitet 1972 jeder 7. Arbeiter und jede 8. Arbeiterin im Prämienlohn. Die Entwicklung der Akkordlöhne dagegen zeigt:

Tabelle 4: Anteile der Akkordlöhne bei Arbeitern im Produzierenden Gewerbe nach Leistungsgruppen 1966 und 1972 (in Prozent)

Jahr	alle LG	Leistungsgruppe (LG): LG 1	LG 2	LG 3
männliche Arbeiter:				
1966	19,5	19,5	22,6	10,1
1972	17,7	16,9	20,1	15,7
weibliche Arbeiter:				
1966	30,6	31,9	33,5	27,4
1972	30,7	24,6	31,4	30,7

Quelle: Dähne/Priester (1978, S. 28)

Der Anteil der nach Akkord entlohnten Arbeiter geht zurück, bei den Frauen steigt er leicht an oder stagniert. Dähne/Priester führen diesen Vorgang auf Rückgänge in den Leistungsgruppen 1 und 2 zurück. Dagegen ist der Anteil der Akkordlöhner in der Leistungsgruppe 3 deutlich angestiegen. Wenig qualifizierte Tätigkeiten unterliegen also besonders dem Akkordlohn, vorwiegend wohl in Industriebetrieben mit nicht sehr hohem Mechanisierungsgrad, und in welchen die Unternehmer noch Leistungsreserven „mobilisieren" zu können glauben (ebenda).

Hinsichtlich des Zusammenhangs von Leistungsentlohnung und Belastungen haben Bunz u.a. (1973, S. 67) zeigen können, daß die sich überfordert fühlenden Arbeitnehmer vorwiegend aus dem Leistungslohn kommen.

Tabelle 5: Einkommensform und Leistungsstreß[1]

Einkommensform	nicht ausgelastet (in Prozent)	überfordert
Gehalt	34	13
Zeitlohn	26	13
Leistungslohn	11	20

1: Fragen: „Was glauben Sie, könnten Sie im Grunde mehr leisten als bei Ihrer augenblicklichen Tätigkeit, oder geben Sie schon das Höchstmögliche?" „Haben Sie manchmal den Eindruck, daß Sie bei Ihrer Arbeit einfach überfordert werden, oder sind Sie den Anforderungen in der Regel gewachsen?"

Quelle: Bunz u.a. (1973, S. 67, Übersicht 2.02)

In derselben Untersuchung erklärten 50 % aller Leistungslöhner, 49 % der Zeitlöhner und 41 % der Gehaltsempfänger, das Höchstmögliche zu geben (ebenda).

Zusammenfassend läßt sich erwarten, daß die Entlohnung zukünfig ein wesentliches Konfliktpotential auf betrieblicher und gesellschaftlicher Ebene in sich birgt. Dafür spricht zum einen die mit dem Ansteigen der Leistungsentlohnung wachsende Belastung (kürzere Vorgabezeiten, höheres Arbeitstempo), zum anderen die Erfahrung, daß die Einführung neuer Lohnsysteme vielfach mühsam erkämpfte Arbeitsverbesserungen in Frage stellt. Hier stehen noch weitere empirische Arbeiten aus. Insgesamt ist Lutz zuzustimmen, der dem Leistungslohn einen immanenten Zwangscharakter unterstellt, wenn er schreibt: „Der Zwangscharakter der Leistungsentlohnung mag sachlicher und subtiler als der Druck antreibender Vorgesetzter sein – er ist trotzdem nicht zu übersehen" (Lutz 1958, S. 242). Hierin sieht Mendner (1975, S. 140) den entscheidenden Vorteil für das Kapital, nämlich die von ihm gesetzte Norm durchschnittlich intensivierter Arbeit ohne direkten Zwang oder Drohung verwirklichen zu können.

4.2.1.4 Betriebliche und gesamtgesellschaftliche Gegenmaßnahmen

Rund 150 Jahre nach Beginn der Industrialisierung in Deutschland mit vielfältigen und niveauvollen technologischen Entwicklungen, mit gegenwärtig nahezu unbegrenzten Problemlösungspotentialen aufgrund des hohen wissenschaftlich-technischen Fortschritts, befindet sich die Bundesrepublik (und mit ihr andere fortgeschrittene westliche Industriegesellschaften) in einer gesellschaftlichen Lage mit diesen allgemeinen Kennzeichen (vgl. Briefs 1978, S. 1179 und 1197):

1. Verschärfte Rationalisierungen in Form beschleunigter Einführungen hochentwickelter und komplexer Technologien sowie in arbeitsorganisatorischen Umwandlungen in Verbindung mit einer forcierten Modernisierung der Volkswirtschaft fallen mit Massenarbeitslosigkeit zusammen.
2. Wie die vorliegenden Untersuchungen belegen, führt der kapitalistisch angewendete wissenschaftlich-technische Fortschritt nicht zur Verbesserung der Lebens- und Arbeitsbedingungen der Mehrheit der Bevölkerung, sondern verschlechtert sie zum Teil erheblich.
3. Trotz der neuen Technologien wächst die Instabilität des Wirtschaftssystems, trotz des Einsatzes von mehr als 30.000 Computern und Investitionen in Höhe von über 60 Milliarden DM allein während der letzten 8 Jahre in die EDV erscheint es weniger denn je möglich, z.B. auch nur die Wachstumsrate des Bruttosozialprodukts eines Jahres einigermaßen präzise vorherzusagen.

4. Die neuen Technologien bleiben in wichtigen Aspekten ungenutzt, weil die Fähigkeiten großer Teile der Arbeitnehmer nicht nachgefragt, ihre Qualifikationen zerstört und neue Qualifikationen nicht in ausreichendem Maße geschaffen werden.

Diese gesellschaftlichen Tatbestände bewirken Konfliktentwicklungen auf der Grundlage eines durch Selbsterfahrungen am Arbeitsplatz oder durch kritische „Beobachtung" der Lebenswelt geschärften Krisen- und Konfliktbewußtseins, welche in den Auseinandersetzungen um den Bau von Kernkraftwerken, in der Diskussion um den „Datenschutz" bzw. in verschärften Kontroll- und Überwachungsmöglichkeiten durch neue Technologien, in der Debatte um Zukunftsinvestitionen als Beitrag zur Behebung der ökonomischen Krise seit 1974 und in den sozialen Konflikten um die Auswirkungen neuer Technologien für Arbeitsplätze und Qualifikation großer Teile der Erwerbstätigen zum Ausdruck kommen.

Vor dem Hintergrund dieser technischen und sozialen Entwicklungen haben sich die politischen Kräfte und die Gewerkschaften an die Aufgabe gemacht, gesellschaftlich-politische Perspektiven einer menschengerechteren Gestaltung der Arbeit und ihrer Bedingungen unter sinnvollem, den Interessen aller Arbeitnehmer dienendem Einschluß der Möglichkeiten des wissenschaftlich-technischen Fortschritts zu erarbeiten. Neben gesetzgeberischen und finanziellen Maßnahmen treten vor allem zwei Aktivitäten auf Seiten des Staats ins Licht der Öffentlichkeit:

1. Anfang der 70er Jahre berief die Bundesregierung eine Kommission für wirtschaftlichen und sozialen Wandel, deren Mitglieder sich aus Wissenschaftlern, Gewerkschaftsvertretern und Repräsentanten der Unternehmerverbände zusammensetzten, mit dem Auftrag, die zukünftige gesellschaftliche Entwicklung im Rahmen der *Marktwirtschaft* unter ökonomischen, polititschen, sozialen, kulturellen etc. Gesichtspunkten aufzunehmen, wissenschaftlich zu erörtern und in Form eines Gutachtens der Bundesregierung zur Verfügung zu stellen. In der Überzeugung, die im kapitalistisch-marktwirtschaftlichen Gesellschaftssystem entstandenen Probleme letztlich über das Spiel der gesellschaftlichen Kräfte auf dem „freien Markt" auch angemessen lösen zu können, hat die Kommission insgesamt 140 Arbeiten (z.B. Mergner u.a. 1975) zum wirtschaftlichen und sozialen Wandel der Bundesrepublik vorgelegt, das angeforderte Gesamtgutachten am 10.1.1977 der Bundesregierung übergeben und sich mit der Beendigung ihrer Arbeit aufgelöst (vgl. Gutachten der Kommission 1977).

   Eine kritische Würdigung der Kommissionsarbeit kann hier nicht erfolgen, zumal die Vielzahl der Minderheitsvoten gerade von den Gewerkschaftsvertretern und gewerkschaftsorientierten Wissenschaftlern zu den je spezifischen Wandlungsaspekten zugeordneten Handlungs- und Veränderungsvorschlägen auf divergierende Vorstellungen von den „Selbstheilungskräften" des marktwirtschaftlichen Systems schließen lassen und eines ausführlicheren Studiums bedürften. Einzugehen aber ist auf das Kapitel, welches die Gestaltung der Arbeitsbedingungen zum Thema hat. Hier werden zunächst die negativen Folgen von technischen und arbeitsorganisatorischen Rationalisierungsprozessen für die gesellschaftliche Arbeit im Hinblick auf Qualifikation, Belastung und das Verhältnis von Lohn und Leistung prinzipiell bestätigt (obwohl offensichtlich bereits der Rationalisierungsbegriff Kontroversen auslöste, vgl. Gutachten der Kommission 1977, S. 424 f.). Die Vorschläge zur Gestaltung der Arbeit beziehen sich auf die Technik und Organisation des Arbeitsprozesses, auf Belastungen aus der Arbeitsorganisation, Arbeitsablauf, Kommunikation am Arbeitsplatz, Modifizierung von Fließarbeit, Erweiterung der Dispositionsspielräume und Entlohnungsformen. Hinzu treten Überlegungen zum Verhältnis von Arbeitszeit und Freizeit, zur betrieblichen Personalplanung wie zur innerbetrieblichen Interessenvertretung und Mitbestimmung (S. 435 ff.). Ohne diese Vorschläge im Detail hier auszubreiten – auch sie haben innerhalb der Kommission Minderheitsvoten hervorgebracht – vermitteln sie den Eindruck einer weitestgehenden Ausschöpfung der Möglichkeiten einer menschengerechteren Arbeitsgestaltung im *vorgegebenen* gesellschaftlichen Rahmen, wenn auch nicht immer zweifelsfrei geklärt werden konnte, auf welchem Weg die angestrebte Verbesserung der Arbeitsbedingungen mit dem Ziel einer „umfangreichen individuellen Entfaltung" (S. 440) realisiert werden kann.

2. Das Gutachten der Kommission stützt sich bei seinen Überlegungen auch auf Ergebnisse wissenschaftlicher Arbeiten, die im Rahmen des staatlichen Aktionsprogramms „Forschung zur Humanisierung des Arbeitslebens" ebenfalls seit Beginn der 70er Jahre durchgeführt werden (vgl. Matthöfer 1978, Pöhler 1979). Dieses Programm, vom Bundesministerium für Forschung und Technologie 1979 mit annähernd 100 Mill. DM finanziert, will Möglichkeiten einer besseren Anpassung der Arbeitsbedingungen an die Bedürfnisse der arbeitenden Menschen erkunden; dabei darf „ eine Humanisierungsforschung, die diesen Namen verdient, keine 'Reparaturforschung' im Zusammenhang mit den derzeitigen Verwertungsbedingungen sein, sondern (muß) ... für die zukünfige Struktur der Arbeitsbedingungen die Maßstäbe liefern" (Hagenkötter 1977, S. 41). In welchem Umfang diesem Anspruch die Arbeiten werden genügen können, entzieht sich auf dem gegenwärtigen Stand einer allgemeingültigen Beurteilung. Fest steht jedoch, daß schon das Humanisierungsverständnis der Kapitalseite, alle Maßnahmen der

Humanisierung an den wirtschaftlichen Möglichkeiten und an ihren wirtschaftlichen Nutzen auszurichten, sich im Widerspruch zu gewerkschaftlichen Vorstellungen befindet, die Humanisierung z.B. im Sinne eines erweiterten Arbeitsschutzes (Verbesserung der Arbeitsbedingungen und Umwelteinflüsse) oder eines „Anti-Taylorismus“ (Erweiterung der Verhaltens- und Entscheidungsspielräume am Arbeitsplatz) zu betrachten (vgl. Jäger 1979 b). Vor diesem Hintergrund sind auch die Einschätzungen des Aktionsprogramms kontrovers: Die einen disqualifizieren das Programm als Mechanismen zur Arbeitsintensivierung und Integration des Arbeiters in den Betrieb, die anderen hegen die Hoffnung, Humanisierung der Arbeit stelle einen wichtigen Beitrag zur weiteren Selbstverwirklichung des Menschen in der Arbeit dar (vgl. Wachtler 1979, S. 127). Sicherlich sind beide Auffassungen überzogen; konkret geht es in entsprechenden Forschungsprojekten meist darum, zunächst die Arbeitsbedingungen deskriptiv zu erfassen, mit den Betroffenen alternative Veränderungskonzeptionen zu entwickeln, die in konkreten Vorschlägen zur Verbesserung der Arbeitsgestaltung münden können, um dann mit Unterstützung der innerbetrieblichen (Betriebsräte) und gesellschaftlichen Interessenvertretungen der Betroffenen (Gewerkschaften) die entwickelten Vorschläge zu verwirklichen. Dabei spielen die Sozialwisssenschaften, vor allem die Industriesoziologie als Humanisierungswissenschaft, eine besondere Rolle, in Zusammenarbeit mit Ingenieurwissenschaften. Bevor wir die „Humanisierung des Arbeitslebens“ an Beispielen weiterverfolgen, betrachten wir zunächst kurz die gewerkschaftlichen Reaktionen auf die soziale Destruktivität des kapitalistisch eingesetzten wissenschaftlich-technischen Fortschritts.

Wie der Deutsche Gewerkschaftsbund die industrielle Entwicklung bis in die 80er Jahre hinein beurteilt, ging aus dem bereits erwähnten neuen Grundsatzprogramm hervor. Die sich in der Kommission für wirtschaftlichen und sozialen Wandel an verschiedenen Punkten anbahnenden Konflikte zwischen den Mitgliedern unterschiedlicher „Lager“ werden in den Gewerkschaftsaktionen und programmatischen Erklärungen manifest, die unmißverständlich auf eine Veränderung der Produktionsbedingungen in der Bundesrepublik zielen. Zeichen dafür sind der Lohnrahmentarifvertrag II von 1973 in Baden-Württemberg, die Tarifabkommen über neue Technologien im Druckgewerbe und über Abgruppierungsschutz in der Metallindustrie von 1978. Dazu zählt auch im Bereich der Mitbestimmungs- und Vertrauensleutearbeit als der gegenwärtig wichtigsten Form der betriebs- und unternehmensbezogenen Arbeit der Gewerkschaften die Schaffung neuer Informations- und Handlungskonzepte, die eine Grundlage für eine Verdeutlichung der Auswirkungen auch der Technologieentwicklung auf Arbeitsplätze, Arbeits- und Qualifikationsbedingungen zu erreichen suchen. Des weiteren zählt dazu, auf betrieblicher Ebene eine Ergänzung zur tarifvertraglichen Verbesserung der Arbeitsbedindurch Vereinbarung von Mindestnormen zu schaffen. Insbesondere jedoch eine konsequente Tarifpolitik zur Festschreibung von Mindestnormen bedeutet für Briefs eine wirkungsvolle Einschränkung der unternehmerischen Dispositionsfreiheit bei der Arbeitsorganisation und Technologieentwicklung (ebenda). „Eine der entscheidenden Aufgaben darüber hinaus wird es sein, den Beschäftigten und der Öffentlichkeit die Verknüpfung zwischen dauerhafter wirtschaftlicher Krise und Stagnation sowie der Massenarbeitslosigkeit und der weiteren Herausbildung restriktiver Arbeitsbedingungen aus den inneren Funktionsmechanismen des Wirtschaftssystems, aus der machtvollen Verfolgung privater Kapitalinteressen auf Kosten der Beschäftigten begreiflich zu machen" (Briefs 1978, S. 1192).

Diesen Vorstellungen entspricht auf übergeordneter gesamtgesellschaftlicher Ebene die veränderte gewerkschaftliche Stratgie, wie sie in den strukturpolitischen Forderungen durch den Vorsitzenden der Industriegewerkschaft Metall, Loderer, zum Ausdruck kommt. Sie umfassen weitere Forschungs- und Entwicklungsaktivitäten auf der Suche nach rohstoffsparenden, umweltschonenden und arbeitsplatzschaffenden Technologien; die Erhöhung des Qualifikationsniveaus der Arbeiterschaft; Spezialisierung der wachstumsintensiven Industriezweige im Rahmen der Arbeitsteilung zwischen Industrieländer und Dritter Welt; die Ausweitung der betrieblichen Produktpaletten und die Erschließung neuer Märkte; die Durchsetzung der neuen Produkte im Betrieb und am Arbeitsmarkt; Ausdehnung des privaten und öffentlichen Dienstleistungsbereichs; Entwicklung neuer betrieblicher und tariflicher Funktions-, Qualifikations- und Entlohnungssysteme; soziale Besitzstandswahrung der Arbeitnehmer, notfalls durch Bremsung der technischen Entwicklung; Arbeitszeitverkürzung (35-Stunden-Woche) und schließlich Herstellung einer kaufkräftigen Nachfrage (vgl. Loderer 1977).

Die hier vorgestellten Problemlösungsprozesse zur Verbesserung der Arbeit und ihrer gesellschaftlichen Bedingungen programmieren erhebliche soziale Konflikte gesamtgesellschaftlichen Charakters. Ob die Marktwirtschaft diese Konflikte angemessen zu lösen in der Lage ist, darf man mit Geiss (s.o.) in Frage stellen.

Doch kommen wir zur Humanisierung des Arbeitslebens in seiner gegenwärtigen Form zurück. Sie bezieht sich vor allem auf Gegenmaßnahmen zu Folgewirkungen, die aus arbeitsorganisatorischen Rationalisierungen im Produktionsprozeß entlang tayloristischer Prinzipien hervorgehen. Ziel ist die Aufhebung der „fremdbestimmten" Arbeit durch Produktionsformen, welche eine unmittelbare „selbstbestimmende" Beteiligung der Produzenten an der Arbeitsgestaltung zulassen und auf Dauer stellen. In der wissenschaftlichen

Theorie wie in der betrieblichen Praxis bestimmen gegenwärtig vier grundlegende Formen von Neuorganisationen der Arbeit die Diskussion, die wir im folgenden in ihren wesentlichen Merkmalen vorstellen. Ist auch nicht zu verkennen, daß diese Formen für sich betrachtet das kapitalistische Rentabilitätsprinzip nicht aufheben, eröffnen sie doch trotz der Gefahr, Humanisierung als Rationalisierungsstrategie werten zu müssen (vgl. Steinkühler in Strauss-Fehlberg 1978, S. II), wenigstens in Ansätzen Möglichkeiten der Verbesserung von Arbeitsbedingungen. Zudem, und das ist ein schwerwiegender Punkt: Ordnet man sie in den Gesamtkatalog der von den Arbeitnehmerorganisationen entwickelten gesellschafts- und strukturpolitischen Forderungen und Maßnahmen ein, sind sie auch Gegenstand der sozialen Konflikte zwischen Gewerkschaften und Unternehmerverbänden und führen damit letztlich auf die prinzipiellen Widersprüche zwischen Kapital und Arbeit in der Bundesrepublik zurück. Hinzu tritt, daß die in Rede stehende Neuorganisation der Arbeit ausdrücklich eines der Zentren staatlicher Humanisierungsbestrebungen zur individuellen Entfaltung am Arbeitsplatz darstellt und insofern auch „einklagbar" ist.

Eine humanere Arbeitsgestaltung stützt sich besonders auf die Abschaffung repetitiver Teilarbeiten wie z.B. der Fließarbeit mit belastenden und monotonen Arbeitsformen, auch in hochtechnisierten Produktionsverfahren. Diesem Ziel sollen dienen

- der regelmäßige Wechsel des Arbeitsplatzes (job rotation)
- die Ausweitung der Arbeitstätigkeit (job enlargement)
- die Aufgabenbereicherung (job enrichment) und
- die teilautonomen Arbeitsgruppen.

Ihre Wesensmerkmale sind (vgl. auch Wachtler 1979, S. 128 ff.):

Job rotation bezeichnet regelmäßige Arbeitsplatzwechsel innerhalb begrenzter Betriebsbereiche, bei denen der Arbeiter verschiedene Arbeitsverrichtungen ausübt. Die Tätigkeitsvariationen bewegen sich auf derselben Qualifikationsebene und sind sich in der Zeitdauer der Verrichtung wie im Umfang der Arbeitsaufgabe sehr ähnlich. Unterschiede ergeben sich lediglich im Umgang mit einem anderen Fertigungsdetail und gegebenenfalls in einer Veränderung in der Reihenfolge des Herstellungsvorgangs. Da weder der Grad der Arbeitsteilung noch die einzelne Arbeitstätigkeit durch dieses Rotationsprinzip einem Wandel unterliegt, vollzieht sich der regelmäßige Wechsel bei prinzipiell unveränderten Organisations- und Arbeitsstrukturen. Ganz sicher erzielt job rotation eine Reduktion der durch Monotonie hervorgerufenen Belastungen, Vorteile ergeben sich wohl auch in erweiterten Kommunikationsmöglichkeiten und besseren Sozialkontakten. Keine Wirkung geht vom Arbeitsplatzwechsel auf die Qualifizierung des Arbeitsvermögens aus; eine mögliche Gefährdung des Arbeiters liegt u.U. darin, daß mit der durch ständigen Wechsel steigenden universelleren Einsetzbarkeit auch eine erhöhte Ersetzbarkeit und damit eine Erhöhung des Arbeitsplatzrisikos verbunden ist. Der ambivalente Charakter dieser Arbeitsstrukturierungsmaßnahme zeigt sich auch in einem anderen Kontext. Mickler u.a. 1976 betonen einerseits den Vorteil eines vielseitigeren und flexibleren Einsatzes der Arbeitskräfte, verweisen aber andererseits auf die Gefahr, daß die Belastungsverminderung durch eine Intensitätssteigerung des Arbeitsprozesses wieder ausgeglichen werden kann.

Job enlargement bedeutet eine Vermehrung der ursprünglichen Tätigkeit durch weitere vor- oder nachgelagerte Verrichtungen. Hier tritt eine Veränderung der horizontalen Arbeitsteilung selbst ein. Der Umfang der Arbeitsaufgaben wird erweitert, indem verschiedene Arbeitsplätze zu einem Arbeitsplatz integriert werden, z.B. aus einem Fließband wird eine Reihe von Einzelarbeitsplätzen. Die Wandlungen selbst besitzen allein quantitativen Charakter; das Qualifikationsniveau der einzelnen Tätigkeiten, zu einem erweiterten Arbeitsplatz gebündelt, weist keine Unterschiede auf. Belastungen und Monotonie können abgebaut werden, ebenso die totale Zerstückelung der Arbeitsaufgabe in Psyche und Physis stark belastende Arbeitstakte. Insofern nimmt die Arbeit wieder einen „menschengerechten Umfang“ (Rühl) an. Allerdings besteht die Gefahr einer stärkeren Intensivierung der Arbeit durch das Zusammenlegen verschiedener Arbeitsaufgaben mit erheblichen Produktivitätssteigerungen, ebenso liegt hierin u.U. die Möglichkeit der Verringerung von Arbeitsplätzen und damit ein höheres Arbeitsplatzrisiko. Wie schon die job rotation trägt also auch die Ausweitung der Arbeitstätigkeiten ambivalente Züge, deren jeweiliges Vorherrschen nur auf empirischem Weg zu erfassen und zu beurteilen sind.

Job enrichment führt in der Regel zu einer wenn auch geringfügigeren Höherqualifikation. Die Aufgabenbereicherung schließt Arbeitstätigkeiten ein, die neben dem Erfordernis einer erhöhten Qualifikation nicht nur die horizontale, sondern auch vertikale Dimension des Arbeitszusammenhangs betrifft, mit der Folge einer tendenziellen Veränderung der Arbeitsteilung im funktionalen und skalaren Bereich. Zudem besteht die Aussicht auf eine Ausweitung des individuellen Dispositionsspielraums, wenn Arbeitsvorbereitungs-, Planungs-, Organisations- und eventuell Kontrolltätigkeiten zu einem Arbeitsplatz zusammengelegt werden. Hier übernehmen die Arbeiter Tätigkeiten, die zuvor übergeordneten Kollegen zustanden. Neben Monotonieabbau und Verminderung der Belastungen erwartet man von dieser Maßnahme allgemein ein größeres Interesse an der Arbeitstätigkeit, höhere Verantwortlichkeit, eine

Steigerung des persönlichen Selbstwertgefühls und größere Aufstiegschancen für die Arbeitnehmer. Kritisch ist dagegen die größere Produktivitätssteigerung aufgrund bisher nicht genutzter Leistungspotentiale einzuschätzen, zumal vor dem Hintergrund ihrer durch den Unternehmer privaten Aneignung. Dennoch besteht in der Literatur Einigkeit in der Auffassung, daß job enrichment offensichtliche Verbesserungen der Arbeitsbedingungen zulassen.

Teilautonome Arbeitsgruppen repräsentieren die am weitesten entwickelte Humanisierungsmaßnahme, wie sie besonders an hochtechnisierten Produktionsprozessen (z.B. in der Automobilproduktion) zum Zuge kommt. Eine Arbeitsgruppe nimmt eine komplexe Arbeitsaufgabe in weitgehend eigener Verantwortlichkeit wahr, mit allen Tätigkeiten der Vor- und Nachbereitung, Qualifikationskontrolle, mit selbständiger Arbeitsplanung und Aufgabenverteilung innerhalb der Gruppe. Die Rückverlagerung dispositiver Funktionen in den unmittelbaren Arbeitsprozeß ist denn auch das entscheidende Kriterium dieser Arbeitsstrukturierung gegenüber allen anderen vorgestellten Maßnahmen. Vilmar 1974 sieht hier den Beginn der industriellen Demokratie und Perspektiven der Arbeiterselbstverwaltung; Kern 1977 dagegen spricht „vom Unfug mit der autonomen Arbeitsgruppe", weil nur geringe Umverteilungen von Dispositionsbefügnissen zu erwarten seien, damit die Betriebshierarchie und betriebliche Herrschaft letztlich unbeeinflußt blieben. Letzteres Argument kann nicht ernst genug genommen werden, dennoch weicht die ursprüngliche Gliederung der Anordnungsbefugnisse (Abteilungsleiter-Meister-Vorarbeiter-Arbeiter) einer zweistufigen Form mit Meister- und Vorarbeiterfunktionen, die selbst in den Aufgabenkomplex der Gruppe integriert sind und insofern demokratischen Gruppenkontrollen unterliegen. Kritik äußert auch Mendner, besonders unter den Aspekten höherer Arbeitsintensität durch die Wirkungen einer besseren Arbeitsmotivation und (unter Hinweis auf Erfahrungen bei Volvo) der Wiederausbildung alter Arbeitsstrukturen bei Vorgabe einer tayloristisch ermittelten Leistungsnorm in Verbindung mit modifizierten Akkordsystemen (1975, S. 169 ff.). Auch in dieser Maßnahme also wieder ambivalente Züge.

Insgesamt betrachtet bringen die Neuorganisationen der Arbeit nicht zu unterschätzende punktuelle Arbeitsvorteile, sie sprengen den kapitalistischen betrieblichen Rahmen jedoch nicht. Diese Auffassung vertreten inzwischen auch die Gewerkschaften, erst jüngst in ihrer massiven Kritik am Bonner Forschungsprogramm in der Frankfurter Rundschau vom 5.10.1979. Ob die Neuorganisation, wie Vilmar annimmt, tatsächlich den Anfang der industriellen Demokratie darstellen oder zumindest dahin führende Entwicklungen auslösen können, entzieht sich bei gegenwärtig eher dürftigen empirischen Erfahrungen einer endgültigen Beurteilung. Sicher jedoch erscheint die Notwendigkeit, auf betrieblicher (durch Betriebsrat) und gesellschaftlicher Ebene (durch Gewerkschaften und Staat) diese Arbeitsorganisationsformen, die ja im wesentlichen selbst bereits als Ergebnisse erfolgreicher sozialer Konflikte mit der Kapitalseite betrachtet werden müssen, zu diskutieren, durchzusetzen und unter dem Ziel paritätischer Mitbestimmung der Arbeitnehmer voranzutreiben.

Zusammenfassung: Trotz hochentwickelter Produktivkräfte und damit immens gestiegener Problemlösungsmöglichkeiten führt die Geschichte der Industriearbeit in der Produktion wie im Büro nicht selbstverständlich zu menschenwürdigeren Arbeitsbedingungen unter den Gesichtspunkten von Qualifikation, Belastung und Entlohnungssystem. Bis heute schlagen tayloristische Arbeitsgestaltungsprinzipien im Industriebetrieb voll durch. Die in diesem Kontext in jüngster Vergangenheit erarbeiteten Modelle und Vorschläge zur Humanisierung der Arbeit rufen innerhalb des kapitalistisch gesellschaftlichen Rahmens durchaus positive Wirkungen hervor, sind aber nicht systemüberschreitend, d.h. die in dem System der materiellen Produktion liegenden Ursachen bleiben weitgehend ausgespart. Dennoch stellen diese Vorschläge und Modelle einen wesentlichen gesellschaftlichen Fortschritt dar, mit der Hinterlassenschaft, diese Neuorganisationen in allen Betrieben zu verankern, auszubauen und auf dem Weg zur Industriedemokratie einzusetzen.

4.2.2 Sozialstrukturelle Veränderungen

Schon geringe Kenntnisse der Geschichte der Menschen und der Sozialforschung vermitteln die Einsicht, daß die Etappen der Menschheitsentwicklung wie z.B. Sklaverei, Leibeigenschaft, Feudalismus solange Bestand hatten, wie sie einer bestimmten sozio-ökonomischen Struktur entsprachen. Ändert sich eine solche Struktur, verändert sich die Organisation der Arbeit, d.h. Sklaverei und andere Produktionsverhältnisse erhalten unter bestimmten historischen Bedingungen Effizienz. Diese Produktionsverhältnisse sind durch je spezifische soziale Merkmale gekennzeichnet, für deren Analyse die Kategorie der „Sozialstruktur" Bedeutung hat, angewandt auf Mikroprozesse sozialen Handelns wie auf die Makroebene sozialer Gebilde, Institutionen und Organisationen. Zum sozialstrukturellen Untersuchungsgegenstand zählen unterschiedliche Bereiche wie Schichtung und Mobilität, Erziehung und Sozialisation, Familie und Ehe, Arbeit und Freizeit, Kindheit und Jugend u.a.; wir beschäftigen uns schwerpunktmäßig mit Problemen der Schichtung und Mobilität sowie Struktur und Wandel der Familie.

4.2.2.1 Schichtung und Mobilität

Die technische und ökonomische Entwicklung seit der Industriellen Revolution bleibt auch für die vertikale soziale Gliederung der alten Ständegesellschaften, die mit Beginn des fränkischen Feudalismus und Lehenswesens für den Zeitraum von etwa 800 bis in die Mitte des 19. Jahrunderts vorherrschen, nicht ohne umwälzende Veränderungen. Bestimmen zunächst drei (Adel, Klerus, Stadtbürger/freie Bauern), später vier Stände (zu den genannten tritt die recht- und besitzlose Arbeiterschaft, die mit verarmten Bauern und Handwerkern den Kern des sich herausbildenden Industrieproletariats darstellen) mit den Kennzeichen durch Geburt, festgeschriebener Zugehörigkeit und äußerst geringer sozialer Durchlässigkeit (geringe vertikale Mobilität) die soziale Hierarchie der ständisch-feudalen Agrargesellschaft, so bringt der Industrialisierungsprozeß einschneidende Veränderungen in der Sozialstruktur der Gesellschaft.

Jetzt sind das Eigentum an Produktionsmitteln, die Einkommenslage, die Bildung und Ausbildung die Hauptkriterien sozialer Differenzierung und vertikaler Gliederung; nach Bolte/Kappe/Neidhardt führen sie in der Sozialgeschichte der deutschen Gesellschaft bis heute zu folgenden Entwicklungen (vgl. Schäfers 1976, S. 255 ff.):

1. Ausbildung der Klassengesellschaft etwa zwischen 1850 und dem Ersten Weltkrieg mit dem alles entscheidenden Strukturmerkmal des antagonistischen Klassengegensatzes von Produktionsmittel besitzender Borgeoisie und vom Produktionseigentum ausgeschlossenem Proletariat. Dieses Eigentumsverhältnis entscheidet über die Stellung von Individuen, Familie, Gruppen etc. in der Sozialstruktur und vertikalen Gliederung, damit über die Einkommenslage, den Bildungszugang wie auch über allgemeine Lebens- und Arbeitsbedingungen, politische Partizipation usf.. Etwa seit Bismarck entwickelt sich eine Reform- und Sozialpolitik, welche auf die Milderung der schärfsten Auswüchse des Klassenantagonismus zielt (z.B. Krankenversicherungsgesetz 1883, Unfallschutzgesetz 1884 und folgende Gesetzgebungen).
2. Entwicklung der Schichtungsgesellschaft seit der Weimarer Republik, unterbrochen durch den Faschismus, verstärkt vorangetrieben in der Bundesrepublik wie in anderen Industrieländern der westlichen Welt nach dem Zweiten Weltkrieg, bis heute diese Industrialisierungsgesellschaften wie folgt kennzeichnend: Zwar herrscht privates Eigentum an Produktionsmitteln vor, jedoch ergibt sich die Differenzierung und Hierarchisierung von Personen und Kollektiven anhand neuerer sozialer Merkmale wie Beruf, Einkommen, Bildung, Vermögen etc., welche von den Gesellschaftsmitgliedern bewertet und mit sozialem Prestige versehen werden. Diese

Kennzeichen bilden die Grundlage der Zuordnung von Personen, Gruppen mit gleichem oder ähnlichem sozialen Status zu einer bestimmten sozialen Schicht (Ober-, Mittel- und Unterschichten), welche wiederum in eine gesellschaftliche Rangskala oder Schichtungspyramide eingeordnet werden. In Theorien der sozialen Schichtung gelten Klassenantagonismen von der „Leistungsgesellschaft" überwunden, die gesellschaftliche Positionen nach Leistung und Qualifikation, nicht nach Geburt oder Besitz vergibt und vor diesem Hintergrund Durchlässigkeit zwischen den Schichten (hohe soziale Mobilität) verspricht. Soziale Ungleichheit erklärt sich von daher im groben nicht aus strukturellen Sozial-, sondern individuellen Leistungs- und Motivationsursachen: Wer nichts leistet, wird nichts; wer nichts wird, leistet nichts.

Ob überhaupt und in welchem Umfang die soziale Wirklichkeit der Bundesrepublik diesen Kriterien der Schichtungstheorie entspricht, bewegt die politische und wissenschaftliche sozialstrukturelle Diskussion spätestens wieder seit der Mitte der 60er Jahre. Bis zu diesem Zeitraum beherrscht Schelskys 1953 erstmals vorgetragene These von der „nivellierten Mittelstandsgesellschaft" das individuelle und öffentliche Bewußtsein. Schelsky erklärt die Klassengesellschaft durch den sozialen Aufstieg der Industriearbeiterschaft und die Deklassierung des Besitz- und Bildungsbürgertums für überwunden, entstanden sei stattdessen eine verhältnsimäßig einheitliche Gesellschaftsschicht und mit ihr eben jene „nivellierte Mittelstandsgesellschaft" (vgl. 1979, S. 326 ff.). Mochte auch Dahrendorf, neben Schelsky einer der jüngeren profilierten Theoretiker jener Jahre, dieser Interpretation nicht folgen – eine differenzierte sozialstatistische Analyse widerlegt die Nivellierungsthese –, so distanziert er sich bereits 1957 von der Auffassung, die Bundesrepublik sei eine Klassengesellschaft. Obwohl Dahrendorf mit der Marxschen Klassentheorie darin übereinstimmt, daß das Herrschaftsphänomen nach wie vor auch die Bundesrepublik kennzeichne, dürfe Herrschaft nun nicht mehr allein auf die beiden antagonistischen Klassen der Kapitalisten und Arbeiter bezogen werden, sondern auf einzelne Herrschaftsverbände wie den Staat, die Betriebe, die Vielfalt der „pluralen" Verbände und Gruppierungen, m.a.W. die Frage des Klassenkonflikts sei grundsätzlich für jeden Herrschaftsverband neu zu stellen. Ungeachtet massiver Kritik von Marxistischen (Klassenkonflikte sind nicht auf Herrschaftsspannungen zwischen einzelnen sozialen Positionen und Rollen reduzierbar) und bürgerlichen Standpunkten (der Marxsche Klassenbegriff besitzt Totalitätsanspruch, ohne sich auf Einzelphänomenen aufspalten zu lassen, so Schelsky) entwickelt Dahrendorf im Laufe seiner sozialstrukturellen Forschung jenes Schichtungsbild der Bundesrepublik, welches als „Haus mit sieben Zimmern" bereits klassische Bedeutung hat:

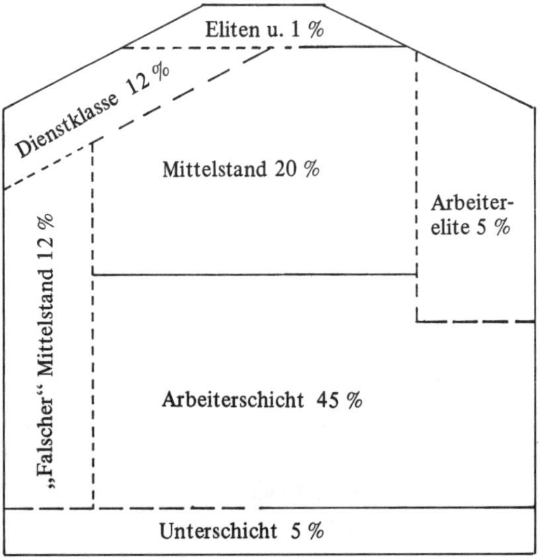

Quelle: Dahrendorf (1968, S. 105)

Ist mit den Dahrendorfschen Überlegungen die Ablösung der vor allem in CDU- und FDP-Kreisen auf positive Resonanz stoßenden Nivellierungsthese programmiert, entwickelt die Soziologie nun verschiedene Modelle gesellschaftlicher Schichten, welche von beobachtbaren und im Bewußtsein der Bevölkerung wahrgenommenen Ungleichheiten ausgehen („die da oben – wir da unten“) und z.B. bei Bolte u.a. zu der inzwischen ebenfalls „legendären“ Darstellung des Statusaufbaus und der Schichtungen der bundesrepublikanischen Bevölkerung führt.

Trotz vieler Differenzierungen (zur Festlegung des Platzes eines jeden einzelnen in der Gesellschaft werden Einkommen-, Bildungs- und Berufsunterschiede, unterschiedliche Lebensverhältnisse, Sozialprestige etc. herangezogen) stimmen die Modelle darin überein, daß es sich um Abstufungen auf einer einheitlichen Leiter handelt, auf der keine grundsätzliche Barriere dafür besteht, weiter auf- oder abzusteigen. Die Gesellschaft ist demzufolge nicht in Klassen gespalten, sondern sie stellt einen Komplex über- und nebeneinanderstehender Schichten mit fließenden Übergängen dar.

Die Rezeption der an Marx ausgerichteten Sozialstrukturanalyse beginnt im Gefolge der schweren, im CDU-Staat des hochentwickelten „sozialen Kapitalismus“ kaum mehr für möglich gehaltenen wirtschaftlichen Krise von 1966/67 mit umfangreichen Streiks der Produktionsarbeiter und aufkeimender Studentenbewegung. War es bis dahin schon deswegen ein Leichtes, die

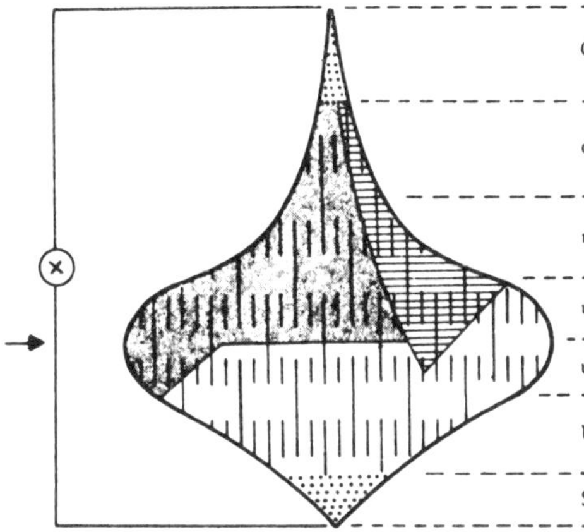

Bezeichnung der Statuszone	Anteil	
Oberschicht	ca. 2 v. H.	
obere Mitte	ca. 5 v. H.	
mittlere Mitte	ca. 14 v. H.	
untere Mitte	ca. (29)	58 v. H.
unterste Mitte/ oberes Unten	ca. (29)	
Unten	ca. 17 v. H.	
Sozial Verachtete	ca. 4 v. H.	

Die Markierungen in der breiten Mitte bedeuten:

Angehörige des sogenannten neuen Mittelstands

Angehörige des sogenannten alten Mittelstands

Angehörige der sogenannten Arbeiterschaft

Punkte zeigen an, daß ein bestimmter gesellschaftlicher Status fixiert werden kann.

Senkrechte Striche weisen darauf hin, daß nur eine Zone bezeichnet werden kann, innerhalb derer jemand etwa im Statusaufbau liegt.

(x) = Mittlere Mitte nach den Vorstellungen der Bevölkerung

→ = Mitte nach der Verteilung der Bevölkerung. 50 v.H. liegen oberhalb bzw. unterhalb im Statusaufbau

Quelle: Bolte/Kappe/Neidhardt (1974[3], S. 98)

vor allem von der Frankfurter Schule (Adorno, Horkheimer) und einzelnen Wissenschaftlern wie z.B. Abendroth vertretene These von dem die Bundesrepublik nach wie vor prägenden Klassencharakter dieser Gesellschaft zu vernachlässigen, weil empirisches Material dazu nicht vorlag, so ändert sich die Situation bald: Huffschmid 1969 charakterisiert die Politik des Kapitals mittels präziser Einkommens- und Vermögensstatistiken als Konzentrationsprozeß der Wirtschaftsunternehmen und der ökonomischen Verfügungsgewalt (diese Machtkonzentration „ungeheuren Ausmaßes“ hat gegenwärtig dazu geführt, daß nur 7 % aller in der Industrie Arbeitenden beschäftigen, vgl. Littek 1975); eine im Auftrag der Bundesregierung durchgeführte Studie belegt die Konzentration von fast drei Viertel des Produktivvermögens bei ganzen 1,7 % der privaten Haushalte (vgl. Siebke 1971); 1971 und 1975 veröffentlicht Kleining eine ausführliche empirische Untersuchung über Mobilitätschancen bei 25.200 Personen in der Bundesrepublik und West-Berlin und im direkten Vergleich von drei Generationen untereinander. Ergebnis: Die Mobilitätsungleichheiten für Arbeitende haben sich während der letzten 50 Jahre nicht verbessert; die Stabilität der Mobilitätsrate deutet nach Kleining auf die Stabilität des bestehenden Herrschaftssystems und auf das Fortbestehen repressiver Tendenzen, welche den freien Zugang zu allen Berufsgruppen und Prestigepositionen, ausgenommen zur Erfüllung technologischer Aufgaben, verhindern; der Deutsche Gewerkschaftsbund bringt unter dem Eindruck der Geschehnisse in den 60er Jahren durch seinen Vorsitzenden Vetter auf dem außerordentlichen Bundeskongress im Mai 1971 die Auffassung zum Ausdruck, noch werde die Bundesrepublik von dem Grundkonflikt aller privatkapitalistischen Ordnung beherrscht: „dem Widerspruch zwischen gesellschaftlicher Produktion und privater Verfügungsgewalt und Aneignung“ (diese Meinung bestimmt ja, wie gezeigt, auch noch das Grundsatzprogramm des DGB für die 80er Jahre und stellt die eigentliche Begründung für die Forderung nach paritätischer Mitbestimmung dar). Andere grundlegende Werke folgen (eine ausführliche Literaturliste, auch zu Arbeiten der späten 60er und frühen 70er Jahre, die den Umbruchprozeß in der sozialstrukturellen Debatte gut dokumentieren, findet sich bei Schäfers 1976).

Die theoretische wie praktische Aufarbeitung der besonders seit den 60er Jahren gemachten wirtschaftlichen, politischen, sozialen und gesellschaftlichen Erfahrungen mit Hilfe der Marxschen Theorie führt durchaus zu deren Modifizierung und beanspruchten Weiterentwicklung, ausgedrückt z.B. in der *„Disparitätenthese“* von Bergmann u.a. 1969, welche die soziale Ungleichheit von Klassen und Schichten neben der vertikalen Gliederung auch in der horizontalen Ebene der Disparität von Lebensbereichen (ungleichgewichtige Befriedigung der verschiedenen Lebensbedürfnisse) zu erklären sucht oder auch in der von Neuendorff/Sabel 1978 vorgestellten These von der „relativen Autonomie der *Deutungsmuster*“, die besonders die subjektive Seite für eine empirische Analyse des Arbeiterbewußtseins erfassen möchte. Ungeachtet ihrer Kritikwürdigkeit lassen sie sich als Teil einer der kapitalistischen Wirklichkeit entsprechenden Sozialstrukturanalyse begreifen, die die wirtschaftlichen Verhältnisse zum Ausgangspunkt setzt, soziale Klassen aus der gesellschaftlichen Grundrelation von Arbeit und Aneignung ableitet und das Schichtengefüge vor dem Hintergrund dieser Klassengruppierungen versteht (und nicht umgekehrt). Diese Karl Marx und Max Weber miteinander verbindende Position erlaubt es denn auch, die Beziehung zwischen Klassen und sozialen Schichten (mit Hofmann 1969, S. 35 f.) so zu verstehen:

Erstens stellt das Schichtengefüge einer Gesellschaft die *Feingliederung* der Klassen dar (Beispiel: Facharbeiter und Ungelernte; einfache und höhere Angestellte; Rangstufe im öffentlichen Dienst).

Zweitens stehen soziale Schichten *zwischen* den Klassen (die Handwerker und Kleinhändler als selbständige Mittelschichten der gewerblichen Wirtschaft, die Bauern, Angehörige freier Berufe).

Drittens stehen soziale Schichten *neben* den Klassen (ein großer Teil der Intelligenz; der Klerus).

Von daher erklären sich auch Faktoren des sozialen Bewußtseins wie schichtspezifisches Denken und Verhalten, spezifische Wertauffassung etc.

Im folgenden zeichnen wir ein Bild der gegenwärtigen Sozialstruktur anhand ausgewählter Gesichtspunkte. Ihre bundesrepublikanische gesellschaftliche Besonderheit ist Oberfläche, ihr Wesen kapitalistisch und damit stellvertretend für andere Industriegesellschaften der westlichen Welt. Auf welchen Weg wir uns damit begeben, hat einer der Mitautoren der 1977 erschienenen, bekannten Studie über die „Lebensbedingungen" in der Bundesrepublik, in der die sozialpolitischen Ziele der politischen Kräfte dargestellt und auf den Grad ihrer Verwirklichung hin untersucht werden, so beschrieben: „Die sozio-ökonomische Gliederung der Bevölkerung und der Grad der Ungleichheit im Zugang zu sozialen Stellungen sind in der Bundesrepublik weder ein Thema der öffentlichen Diskussion und – mit Ausnahme des gewerblichen Mittelstandes und der größeren Landwirte – kein unmittelbarer Gegenstand praktischer Politik. Nach der herrschenden Ideologie leben wir in einer 'offenen Mittelschichtgesellschaft', in der der Großteil der Bevölkerung einen Nicht-Arbeiterstatus besitze und selbst ein Arbeiterkind relativ leicht in die Mittelschicht aufsteigen könne. Selbst wenn Chancenungleichheiten eingeräumt werden – so vornehmlich im Bildungsbereich –, gelten sie zumindest mittelfristig als überwindbar. Wer davon abweichende Vorstellungen vertritt ..., wird als wirklichkeitsfremder Ideologe abgestempelt. Der Tatbestand der Unterprivilegierung wird allenfalls den Mitgliedern einiger weniger Randgruppen, den Obdachlosen, Fürsorgeempfängern, Geisteskranken und Gastarbeitern zuerkannt" (Mayer 1977, S. 201).

Gesellschaftsstruktur

In der Bundesrepublik sind 1974 etwa 26,5 Millionen Menschen erwerbstätig, davon etwa 23 Millionen oder 86 % abhängig beschäftigt. 44 % der Erwerbstätigen haben einen Lohnvertrag, 29 % einen Angestelltenvertrag, 7,5 % sind beamtet (vgl. dazu und im folgenden Giesecke u.a. 1976, S. 162 ff.). Verringert man die Zahl der Angestellten um die leitenden Manager und die Staatsangestellten, ergibt sich zahlenmäßig dieses Bild: Rund 70 % aller Erwerbstätigen der Bundesrepublik zählen zur arbeitenden Klasse (die nicht arbeitenden Familienangehörigen hinzugerechnet, umfaßt sie 50 Millionen Menschen oder 83 % aller in der Bundesrepublik lebenden Menschen); 14 % stellen den selbständigen Mittelstand dar, vor allem Bauern, kleine Handwerker oder Besitzer kleiner Einzelhandelsgeschäfte, Ärzte und Anwälte; 12 % repräsentieren die Angestellten des Staats, 4 % sind Unternehmer und Manager. Betrachten wir die genannten 70 %: Zwei Drittel dieser Erwerbspersonen arbeiten in der Industrie (65 %), ein Fünftel im Handel und Verkehr (20 %), in öffentlichen und privaten Dienstleistungsunternehmen sind 15 % tätig. Die in der Industrie arbeitenden Menschen, welche die Waren und Werte des jährlichen Bruttosozialprodukts herstellen, werden auch als „produktive Arbeiter" bezeichnet, wohingegen die beiden anderen Gruppen, die sich mit Verkauf, Vertrieb und Verwaltung von Kapital beschäftigen, auch „unproduktiver Teil" der Erwerbstätigen genannt werden. Kommentar der wissenschaftlichen Untersuchung über die „Lebensbedingungen" hierzu: „Wenn es also überhaupt sinnvoll ist, eine Gesellschaft nach ihrer modalen sozio-ökonomischen Kategorie zu kennzeichnen, so ist die Bundesrepublik noch immer von ihrer Sozialstruktur her eine 'Arbeitergesellschaft', obgleich dies weder im öffentlichen Bewußtsein noch im politischen Prozeß einen entsprechenden Ausdruck findet" (Mayer 1977, S. 201).

Einkommensverteilung

In der Zeit vom 1950 bis 1974 ist der Anteil der Lohn- und Gehaltsempfänger am Volkseinkommen zurückgegangen, wie die nächste Tabelle zeigt:

Tabelle 6: Einkommensverteilung in der Bundesrepublik 1950–1974

Anteil der Nettolöhne und -gehälter am Jahr Sozialprodukt 1950–1974		Abhängig Beschäftigte in Prozent der Erwerbstätigen
1950	46,3	68,5
1955	45,2	73,9
1960	44,5	77,5
1965	47,4	80,9
1970	45,1	83,4
1974	43,9	84,4

Quelle: Goldberg/Jung (1976, S. 88)

Dieser Entwicklung entspricht, daß im Jahre 1973 die Gesamtsumme der Unternehmergewinne und Vermögenseinkommen rund 250 Milliarden DM ausmacht (das sind 26 % des Bruttosozialprodukts), während die Einkommen der rund 23 Millionen abhängig beschäftigten Erwerbstätigen dagegen nur 53 % oder rund 470 Milliarden DM betragen. Giesecke u.a. geben zu bedenken, daß die amtliche Statistik hier die Staatsangestellten wie die angestellten Manager mitrechnet, d.h. diese Zahl sei um etliches zu hoch gegriffen. Da bereits 1973 18 % der Arbeitnehmer mehr als 25.000,-- DM im Jahr verdienen, habe der Anteil der niedriger bezahlten Arbeiter und Angestellten am Bruttosozialprodukt von 1973 höchstens 45 % betragen können, anders ausgedrückt: 75 % der Erwerbstätigen verfügen nicht einmal über 50 % des Bruttosozialprodukts, obwohl sie doch die gesamte Wertmenge des jährlichen Reichtums produzieren oder verwirklichen (1976, S. 163).

Auch unter dem Gesichtspunkt der Lohngerechtigkeit weist das System der Lohnformen in der Bundesrepublik der Untersuchung von Glatzer (1977, S. 323 ff.) zufolge noch schwerwiegende Mängel auf. Wie seine Studie belegt, wird der Lohn in seiner Höhe nach wie vor wesentlich durch leistungsspezifische Merkmale wie Geschlecht, Stellung im Beruf und Branchenzugehörigkeit bestimmt. Insgesamt betrachtet hat sich die Einkommensverteilung im Untersuchungszeitraum dieser Studie von 1960 bis 1971 wenig verändert; das Jahr 1973 bestätigt dieses Ergebnis durch konkrete Zahlen: 27 % der Arbeitnehmer verdienen unter 9.600,-- DM brutto/pro Jahr, 21 % zwischen 9.600,-- und 16.000,-- DM brutto und 34 % zwischen 16.000 und 25.000,-- DM brutto im Jahr. Auf den Nettobetrag pro Monat umgerechnet bedeutet dies: Über 50 % aller Lohn- und Gehaltsempfänger verdienen weniger als 1.500,-- DM netto (vgl. Giesecke u.a. 1976, S. 164), 1975 sogar ca. 60 % der Arbeiter und Angestellten (vgl. Schäfers 1976, S. 269). Diese Durchschnittszahlen jedoch lassen vergessen, daß 1970 fast 25 % der Arbeiterhaushalte ein Nettoeinkommen von weniger als 900,-- DM pro Monat beziehen. Wie angesichts dieser Zahlen der tatsächliche Lebensstandard der Arbeiter und Angestellten auf der Basis von 1972 aussieht, belegen die folgenden Zahlen.

Bei einem Nettohaushaltseinkommen von 300,-- bis 600,-- DM betragen die Kostenanteile für Lebensmittel durchschnittlich 53 %, für Kleider und Schuhe 12,4 %, Wohnung 10 %, Verkehrsmittel 8 %, für alle anderen Lebensbedürfnisse bleiben zwischen 30,-- und 60,-- DM. Nach Giesecke fällt der Lebensmittelanteil bei einem Nettoeinkommen zwischen 800,-- bis 1.200,-- DM auf 30 %, steigen die Verkehrsmittelausgaben auf 13 %, machen die Bildungsausgaben bereits 8 % aus (1976, S. 166). 1972 nun besitzen 49 % der Arbeiterhaushalte einen Pkw, 89 % einen Kühlschrank, 43 % eine Waschmaschine, 28 % eine elektrische Nähmaschine, 13 % ein Telefon. Die statistische durchschnittliche Haushaltsausstattung des deutschen Normalbürgers jedoch geht davon aus (vgl. Globus 1973), daß 69 % einen Pkw fahren, 97 % einen Kühlschrank ihr eigen nennen, 95 % eine Waschmaschine, 60 % eine elektrische Nähmaschine und 37 % ein Telefon besitzen. Hier treten beträchtliche Benachteiligungen der Arbeiter und Angestellten ans Licht. Wir stellen also insgesamt fest, daß trotz wachsender Realeinkommen der Arbeiter ihr Anteil am Bruttosozialprodukt sinkt, daß zwar allgemein der Lebensstandard steigt, die Arbeiter jedoch hinter dem durchschnittlichen Konsumniveau hinterherhinken. Giesecke u.a. bieten hierfür diese Begründung an: „(Die) Werte der Waren (sind) mit dem technischen Fortschritt trotz steigender Preise tatsächlich gesunken. Denn bei einer bundesdeutschen Inflationsrate von fast 50 % in 20 Jahren sind Preissteigerungen von 30 % oder 40 % in Wirklichkeit eine 10 bis 20 %ige Wertsenkung; weil die Preise langsamer steigen als der Geldwertverlust davontrabte. So haben wir tatsächlich eine Reihe von Waren, deren Preissteigerungen weit unter 50 % in 20 Jahren liegen und die also real im Wert gesunken sind: Autos, Möbel, Nahrungsmittel. Elektrogeräte wie Waschmaschine und Kühlschrank sind in dieser Zeit entweder nicht im Preis gestiegen oder sogar gesunken. ... Der geringe Anstieg des Arbeiterlebensstandards ist angesichts dessen wahrscheinlich noch schmaler ausgefallen, als wir es uns bisher verdeutlicht haben. Das zeigt auch, wie wenig von den minimalen Verbesserungen des Lebensstandards bei Licht übrigbleibt – so sehr sie auch immer als Verdienst der Marktwirtschaft herausgestrichen werden" (1976, S. 167).

Vermögensverteilung

Obwohl bereits die Arbeiten von Huffschmid 1969, Krelle 1968 die ungleiche Verteilung des Vermögens (Spargelder, Versicherung, Bausparverträge, Wertpapiere, Haus- und Grundbesitz) anprangern, liegt bis heute keine fundierte Einkommes- und Vermögensstatistik vor. Sicher ist allein dies: Der „soziologische Almanach" von 1975 wie auch die Studie über die „Lebensbedingungen" 1977 belegen, daß trotz „sozialer Marktwirtschaft" und „Sozialstaatsprinzip" besonders die abhängig Beschäftigten kaum Vermögen haben ansammeln können. Das kann offensichtlich auch nicht über die „Privatisierung" großer Industrieunternehmen (Preussag AG 1959, VW 1960, VEBA 1965), durch Volksaktien (deren Mehrzahl sich bald in den Händen weniger sammelt) noch über Beteiligung am Intensivlohn noch durch betriebliche und überbetriebliche Gewinnbeteiligung geschehen (vgl. Schäfers 1976, S. 273). Stattdessen ist von einer zunehmenden Vermögenskonzentration auszugehen, mit der sich ja die private Verfügungsgewalt über gesellschaftliches Kapital verbindet (jüngstes Beispiel hierfür: 1978 verfügen 20 % der wohlhabenden Haus- und Grundbesitzer über 80 % des Haus- und Grundvermögens, so daß die Bundesrepublik von einer breiten Streuung des Eigentums an Häuser, Wohnungen, Grund und Boden weit entfernt ist, vgl. Frankfurter Rundschau vom 7.8.1979). Hier erscheinen nach Meinung der Gewerkschaften (s. das Grundsatzprogramm des DGB) wie auch profilierter neutraler Wissenschaftler (Krelle, Siebke) zwei Problemlösungen unumgänglich. Erstens die Beschneidung der Entscheidungsfreiheit der Kapitaleigner durch paritätische Mitbestimmung, zweitens eine gleichmäßigere Vermögensverteilung. Solche Veränderungen jedoch resultieren in der Bundesrepublik aus harten sozialen Konflikten, wenn sie überhaupt bei der gegenwärtigen Wirtschafts- und Gesellschaftsordnung durchzusetzen sind.

Vertikale Mobilität (soziale Auf- und Abstiegsprozesse)
Die relevanten Studien von Kleining 1971 und 1975, Krekkel u.a. 1972, der Untersuchung über die „Lebensbedingungen" 1977, Schäfers 1976 lassen sich auf folgenden Nenner bringen: Die soziale Ungleichheit und Immobilität in der Bundesrepublik entsprechen bei weitem nicht den technischen, ökonomischen und sozialen Voraussetzungen einer hochentwickelten Industriegesellschaft. Mayer (1977, S. 201 f.) schreibt in diesem Zusammenhang „... für die Chancen im Zugang zu sozialen Positionen gibt es eine Struktur der Privilegierung und Unterprivilegierung, die nicht nur einzelne kleine Gruppen betrifft, sondern durch die gesamte Gesellschaft hindurch wirkt. Zwar bedingen soziale Auf- und Abstiegsprozesse über kurze soziale Distanzen und Bewegungen, die durch strukturelle Veränderungen die Größe sozio-ökonomischer Kategorien verursacht werden, eine insgesamt hohe Mobilitätsrate. Gleichzeitig sind jedoch die relativen Chancen etwa zwischen Kindern mit einer Arbeiterherkunft und Kindern aus der gehobenen Mittelschicht durch eine krasse Ungleichheit gekennzeichnet... die Zunahme von Angestellten- und Beamtenpositionen hat zwar die Chancen vor allem eines kleinen Teils der Facharbeiterkinder verbessert, aus dem Arbeiterbereich aufzusteigen. Der Vergleich der Jahrgangsgruppen zeigt jedoch auch, daß diese sicherlich subjektiv bedeutsamen Veränderungen auf den relativen Grad der Chancenungleichheit ... kaum einen Einfluß gehabt haben."

Insgesamt gilt: Der herrschenden Auffassung von der Bundesrepublik als einer Schichtungsgesellschaft stehen empirisch belegbare Tatbestände entgegen, die diese Sicht kaum stützen. Soziale Marktwirtschaft, Sozialstaatsprinzip, freiheitlicher und demokratischer Rechtsstaat haben die Strukturen des kapitalistischen Gesellschaftssystems nicht überwinden können, ebensowenig in den anderen westlichen Industriegesellschaften. Angesichts solcher Resultate entbehrt die Forderung des Präsidenten des Deutschen Industrie- und Handelstages, von Amerongen, Ansprüche an das soziale Netz in der Bundesrepublik müßten reduziert werden, weil sonst ein Risiko für den einzelnen fast nicht mehr existiere, nicht eines gewissen Zynismus (vgl. Frankfurter Rundschau vom 11.7.1978).

4.2.2.2 Struktur- und Funktionsveränderungen der Familie

Das Interesse daran, Formen und Funktionen der Familie in den gesellschaftlichen Zusammenhang zu stellen und sie von daher zu bestimmen, deckt sich nicht selbstverständlich mit soziologischen Arbeiten zu diesem Gegenstand. Denn die Berücksichtigung historischer und materieller gesellschaftlicher Verhältnisse bleibt auf der Strecke, wenn Familie biologisch-anthropologisch allgemein definiert wird „als jene Gruppe, in der wenigstens zwei gegengeschlechtliche, psychosozial erwachsene Menschen eine weitere Generation produzieren und mindestens so erziehen, daß diese nächste Generation dazu motiviert wird, ihrerseits die folgende Generation zu produzieren und zu motivieren“ (Claessens/Menne 1970, S. 170). Und: Wie drückt der überwiegend verwendete abstrakte Begriff der *gegenwärtig* vorherrschenden Kernfamilie („die Gruppe von Mann und Frau mit ihren unmündigen und unverheirateten Kindern“) aus, daß diese Familienform in ihrer Entstehung und Durchsetzung an spezifische geschichtlich-gesellschaftliche Industrialisierungsprozesse gebunden und erst vor diesem Hintergrund in ihren Aufgaben wie in ihren Veränderungen wirklichkeitsnah begreifbar ist? Daß die Familie zweifelsfrei eine der ältesten „Einrichtungen menschlichen Zusammenlebens“ (Otten) darstellt, daß sie Lebenzusammenhang bedeutet, in wlechem Bedürfnisse nach Liebe, unmittelbarer menschlicher Nähe, Anerkennung und Selbstverwirklichung Befriedigung erfahren oder verkümmern, in welchem sich die Mitglieder – im Gegensatz zum „feindlichen Leben draußen“ – schwach und ängstlich zeigen dürfen oder bestraft werden, in welchem sie zu wirtschaftlichen oder politischen Krisenzeiten Solidarität erwarten können oder ihre Erwartungen enttäuscht sehen – dies alles gilt oder kann gelten zwar allgemein für alle Gesellschaftsstufen der Menschheitsgeschichte, vollzieht und entscheidet sich jedoch in konkreten Situationen unter je besonderen historischen gesellschaftlichen Bedingungen. Das gilt erst recht in einer Gesellschaft wie der Bundesrepublik mit ca. 83 % unselbständig erwerbstätiger Bevölkerung, für deren Familien und Familienleben das Faktum der Lohnabhängigkeit unausweichliche Folgen hat, z.B. zwingen feste Arbeitszeitregelungen der Familie einen kaum veränderbaren Lebensrhythmus auf, bestimmen unselbständige und belastende Tätigkeiten (z.B. an Maschinen bzw. am Fließband) das Sozialverhalten des Arbeiters und damit der ganzen Familie, legen Arbeitsdauer und die Länge des Wegs zum Arbeitsplatz die Abwesenheit der Erwerbstätigen von ihrer Familie fest usf.. In welchem Umfang unter solchen Vorzeichen feierabends oder feiertags eigene Bedürfnisse wie die der anderen Familienmitglieder befriedigt, Schwäche und Ängstlichkeit aufgefangen und dauerhafte Solidaritäten entwickelt werden können, und ob nicht zumindest für die Betroffenen die „älteste Einrichtung menschlichen Zusammenlebens“ zerbricht, entscheidet sich nicht am Maßstab der Institution „Familie“ im allgemeinen, sondern an ihren individuellen und gruppenspezifischen Besonderheiten in dieser Gesellschaft. Es besteht also Veranlassung, die Familie im geschichtlichen Rahmen eines Systems mit kapitalistischen Produktionsbedingungen zu betrachten (dazu hat schon Engels 1884 mit seiner Schrift „Der Ursprung der Familie, des Privateigentums und des Staates“ Fundamentales veröffentlicht).

Ohne diesem Erfordernis mit gebührendem Ernst hier nachgehen zu können (vgl. dazu Claessens/Milhoffer 1973, Milhoffer 1973, Oeter 1966, Rosenbaum 1974), erscheint Familie zunächst einmal individuell als Ort zur Ausübung grundlegender und selbstverständlicher Lebensfunktionen: Erneuerung der Arbeitskraft, Lebenserhaltung, Fortpflanzung, Bedürfnisbefriedigung (soweit möglich), Entwicklung und Ausbau intensiver Sozialbindungen, Kindererziehung usf.. Aber mindestens einige dieser Aufgaben geschehen ja sozusagen im gesellschaftlichen Auftrag, wenn dieser Sachverhalt auch nicht im jedem Fall bewußt ist. Die Erziehung der Kinder z.B. orientiert sich im wesentlichen an gesellschaftlich vorgegebenen oder wenigstens tolerierten Vorstellungen und Zielen (von Ausnahmen abgesehen, die auch meist negativ verfolgt werden) und trägt damit zum Fortbestand dieser Gesellschaft bei. Die Reproduktion der Arbeitskraft gilt natürlich dem individuellen Ziel, durch Einsatz eben dieser Kraft den Lebensunterhalt zu bestreiten. Diese Arbeitskraft muß jedoch gegen Lohn zur Verfügung gestellt, verkauft werden, und zwar gegen ein Entgelt, das nicht, wie im Kapitel 3 gezeigt, in vollem Umfang der Wertsteigerung entspricht, d.h. ein Teil des durch die Arbeitskraft geschaffenen Werts verbleibt der privaten Aneignung durch den Unternehmer. Insofern ist die Familie auch nicht nur der Ort der Reproduktion der Arbeitskraft, sondern auch der Erneuerung der Voraussetzungen zur privaten Aneignung dieser Arbeitskraft. Hinzu treten zwei weitere Gesichtspunkte. Die Familie verbraucht lebensnotwendige und andere Konsumgüter, trägt somit auch, wenn auch nicht bewußt, zur Verwirklichung gesellschaftlich produzierter Werte bei, für deren Herstellung die Lohnabhängigen nicht in vollem Umfang „entschädigt" worden sind und unterstützt auf diese Weise die Anhäufung von Kapital in den Händen partikularer Gruppen. Darüber hinaus leistet die Familie in Form der Hausfrauentätigkeit und Kindererziehung unproduktive Arbeit, die als private Arbeit gesellschaftlich kaum entlohnt wird (hier regt sich etwas in jüngster Zeit, besonders in der Diskussion um die finanzielle Entschädigung der Hausfrauenarbeit) und auch als Kostenfaktor in den Unternehmerkalkulationen nicht erscheint. So sehr diese Überlegungen familiensoziologisch kleinzuarbeiten sind (das ist nicht unsere Aufgabe), stellen sie doch die von den führenden Familiensoziologen der „älteren" Generation (König, Mackenroth, Schelsky, Wurzbacher) vertretene These in Frage, nach der die Familie die Keimzelle von Gesellschaft sei und damit über relative Autonomie verfüge. Begnügen wir uns also mit diesen Hinweisen und wenden uns Ausschnitten der Geschichte der Familie zu.

Wirtschaftliche Entwicklung und Funktionsveränderung der Familie

Die in der vorindustriellen Gesellschaft dominierende Form des Zusammenlebens neben anderen Formen stellt die Großfamilie und das „ganze Haus" dar, relativ autarke Arbeits- und Lebensgemeinschaften von Familienmitgliedern und Abhängigen, in denen die gefühlsmäßigen und sachbezogenen Beziehungen durch die Einheit von Familie und Arbeitswelt untrennbar miteinander verbunden sind, agrarisch-feudale Eigentums-, Herrschafts- und Sozialstrukturen vorherrschen. Der Einheit von Wohn- und Arbeitsplatz unter einem Dach entsprechen Doppelrollen des Vaters (Familienoberhaupt und Betriebsleiter) und der Mutter (Hausfrau und Versorgerin des Betriebs) mit entsprechender Autorität. Die Familie übt vielfältige Funktionen aus: Neben der Reproduktion, der Selbstversorgung und dem gemeinsamen Wohnen und Arbeiten sind die Altersfürsoge, die allgemeinen Fürsorge- und Pflegeleistungen, die Erziehungs- und Ausbildungsfunktion (alle Mitglieder nehmen an dem Erziehungsprozeß der Kinder teil, besonders auch die an handwerklichen, technischen, wirtschaftlichen etc. Erfahrungen reichen Großeltern) und die Erholungsfunktion Gegenstände der Familientätigkeit. Daß dennoch kein Anlaß zur Schönfärberei besteht, beweisen u.a. die in der agrarisch-feudalen Gesellschaft durchaus übliche Kinderarbeit wie auch die Lage der Abhängigen (Mägde und Knechte).

Diese Bedingungen verändern sich allmählich mit der städtischen Entwicklung, in deren Rahmen sich zwei weitere Familientypen herausbilden (die Familie des Handwerkers, Krämers und wohlhabenden Händlers wie die des agrarischen Lohnarbeiters, des Kleinpächters, der um eines erzwungenen Zuverdiensts wegen bei Großbauern gegen Lohn arbeitet), und mit dem Aufkommen der neuen kapitalistischen Wirtschaftsform; durch den Industrialisierungsprozeß entsteht eine völlig neue Lage (vgl. Giesecke u.a. 1976, S. 40): Viele hunderttausend Familien werden aus ihrem traditionellen Milieu auf dem Lande herausgerissen und in die großen Städte der kapitalistischen Gesellschaft geworfen. Sie haben bei der allgemeinen Not nur eine Chance: Als Lohnarbeiter in den entstehenden Fabriken zu arbeiten. Damit aber werden Familie und Arbeitsplatz voneinander getrennt. Alte Aufgaben gehen verloren, z.B. die Güterherstellung, die Berufsausbildung. Die Familie behält eigentlich nur die Aufgabe, die Kinderaufzucht und die geregelte Versorgung der Familienmitglieder mit Essen und Trinken, Kleidung und anderen Grundgütern des Alltages zu sichern. Hier liegt nach Otten der Beginn der Frauendiskriminierung: Im Zuge der wirtschaftlichen Entwicklung schreitet die Trennung von Familie und Arbeitsplatz (Fabriken, Büros) schnell voran, in deren Gefolge betriebliche, politische und gesellschaftliche Entscheidungen unter Ausschluß der die Familie versorgenden Frau allein von Männern getroffen werden; die Vorstellung von der Frau als „intelligentes Haustier“ (Otten) greift in bürgerlichen Kreisen bald um sich. Sobald in der Zeit einer fortgeschritteneren Industrialisierung in harten sozialen Konflikten mühsam erkämpfte Einkommens- und allgemeine Rechte die Lage der arbeitenden Klasse verbessern, macht sich auch die Arbeiterschaft diese Auffassung zu eigen, jedoch mit dem Unterschied, daß Hausarbeit in den meisten vielköpfigen Arbeiterfamilien nicht vom Personal wie in den bürgerlichen Familien, sondern von der Arbeiterfrau selbst verrichtet werden muß. Trotz einiger Differenzierungen hat sich mit der Industrialisierung und Verstädterung die Entwicklung der Familien in allen Klassen und Schichten etwa in die gleiche Richtung bewegt.

Gegenwärtig ist die Kernfamilie bestimmend; von ihr nehmen westdeutsche Familiensoziologen an, sie sei eine Primär- und Intimgruppe mit vielfältigen Kommunikations- und Interaktionsprozessen (vgl. Zweiter Familienbericht der Bundesregierung 1975) und ihre zentrale ureigenste Aufgabe bestehe in der Kindererziehung (Neidhardt 1970). Zudem kennzeichneten sie die Befreiung der Kinder und Frauen von produktiven Tätigkeiten, eine umfassende und langfristige materielle Sicherung und eben das Auseinanderfallen von Wohnung und Arbeitsplatz. Die letzte Annahme erfüllen mit wenigen Ausnahmen (z.B. Rechtsanwälte) alle Familien; auch sind Kinder in der Regel bis zur Schulentlassung nicht in den Produktionsprozeß eingebunden. Für Frauen jedoch trifft dies in der Allgemeinheit nicht zu, da vor allem Arbeiterfrauen und Frauen kleinerer Angestellten häufig mitzuarbeiten gezwungen sind. Die These von der umfassenden und langfristigen materiellen Sicherheit erscheint angesichts der ökonomischen Lage eines großen Teils der Bevölkerung gewagt; die Einkommens- und Vermögensverteilung wie Arbeitslosigkeit, Risiko des Arbeitsplatzverlusts usf. sprechen eher dagegen.

Eine zentrale Aufgabe der Familie besteht in der Erziehung der Kleinkinder und deren materielle und phsychische Versorgung (andere wichtige Sozialisationsfunktionen hat die Familie an gesellschaftliche Institutionen z.B. Kindergärten, Schule, Betrieb abgetreten). Die zeitliche und personelle Kontinuität der Familie läßt die Erfahrungen, die die Kinder in der Familie sammeln, zu Basiserfahrungen werden. Kinder erleben täglich, wie Menschen miteinander umgehen, Bedürfnisse befriedigen bzw. verdrängen, bestimmte Beziehungen miteinander eingehen. Diese Erfahrungen hinterlassen Spuren, die später häufig als selbstverständlich, als „Natur“ gelten. So wird auch einsichtig, daß in der Regel gesellschaftliche Gebote etc. beachtet werden, ohne ihre Herkunft und Rationalität zu hinterfragen. Vollzieht sich auch die Kindererziehung weitgehend in der privaten Sphäre, ist sie dennoch immer, wie angedeutet, im gesellschaftlichen Kontext zu betrachten.

Materielle Bedingungen des Reproduktionsprozesses wie gesellschaftliche Formen (neben der Privatheit vorwiegend Warencharakter und hierarchische Struktur) hebt die neuere Literatur besonders hervor (Grüneisen/Hoff 1977, Hagemann-White/Wolff 1975, Hurrelmann 1976, Lukesch 1977 u.a.). Die Privatheit der Familie wirkt sich widersprüchlich aus. Einmal birgt sie die Gefahr der Absonderung der Familie in sich (Verlust an Sozialkontakten außerhalb der Kernfamilie), andererseits bietet sie einen Bereich, in welchem sich die Famlienmitglieder gesellschaftlichen Ansprüchen entziehen können (Familie als „Gegengewicht“ bei Schelsky oder als „Gegenstruktur“ bei Rosenbaum). Dem Warencharakter der zwischenmenschlichen Beziehungen ist eines der nächsten Kapitel gewidmet. Die überlieferte Form der Familie als hierarchisches Gebilde mit ungleichen Herrschafts- und Rechtsbeziehungen zwischen den Mitgliedern gerät in die Diskussion, zumal mit zunehmender Schul- und Berufsausbildung der Frauen – die wirtschaftliche Entwicklung der westlichen Industriegesellschaften kann nicht länger auf Berufsarbeit von Frauen verzichten – alte Rollenmuster aufweichen und immer weniger, besonders von Frauen in materiell besser gestellten Schichten, akzeptiert werden (eine wichtige empirische Studie hierzu hat Pross 1975 vorgelegt). Die damit verbundenen Vorstellungen partnerschaftlicher statt autoritätsorientierter Familienstrukturen verwirklichen sich jedoch nicht von selbst; steigende Zahlen von Gewalt gegen Kinder (vgl. Arbeitsgruppe Kinderschutz 1975) und 4 Millionen mißhandelte Frauen in der Bundesrepublik, die in Frauenhäusern vor der Brutalität ihrer Männer Schutz suchen (vgl. stern magazin vom 20.9. 1979), machen Reformvorhaben erforderlich, welche die sozialliberale Koalition in den Rahmen ihrer durchaus fortschrittlichen Familienpolitik aufnehmen und gegen konservative Kräfte durchsetzen muß.

Der These vom Verlust der Erziehungsfunktion an spezialisierte Institutionen hält Schäfers (1976, S. 191) zu Recht entgegen, daß die Kinderaufzucht in kaum einer früheren Gesellschaft ähnlich schwierig und zeitaufwendig gewesen sein dürfte wie für die gegenwärtige Kernfamilie in den westlichen Industrienationen. Als Gründe führt Schäfers u.a. die fehlende Unterstützung durch Verwandte oder Hausangestellte, die problematische Rückwirkung der schulischen Lern- und Ausbildungsprozesse auf die Familie (das Schulsystem stützt sich mehr und mehr auf elterliche Hilfen) und den steigenden Ansprüchen der Gesellschaft an die Eltern und ihre frühkindlichen Erziehungsleistungen an. Erscheint es hier schon sinnvoll, mit dem Zweiten Familienbericht der Bundesregierung 1975 anstelle eines Funktionsverlusts von Funktionswandel zu sprechen, stützen weitere Argumente diese Sicht: Hat auch die Familie einen Großteil ihrer Produktionsaufgaben abgegeben, erbringt sie produktive Leistungen bei der Kindererziehung, der Haushaltsführung, der Zubereitung von Nahrung, der Instandhaltung von Wohnung etc.. Diese Produktionsaufgaben auf dem Markt der Dienstleistungstätigkeiten abzuwälzen wäre kaum möglich. Ebenso verhält es sich im Bereich der Fürsorgefunktion der Familie; die soziale Betreuung aller kranken und alten Menschen besonderen Institutionen allein zu überlassen, überstiege vorhandene Möglichkeiten (vgl. Funk-Kolleg 1975, S. 31).

Familienstruktur in der Bundesrepublik (einige Grundlagen, Zahlen, Daten)
Die sozio-kulturellen und rechtlichen Grundlagen der Familie und Ehe in den westlichen Industriegesellschaften stimmen trotz einiger Differenzierungen z.B. hinsichtlich des Heiratsalters im wesentlichen überein; sie beziehen sich in ihren wichtigsten Punkten auf (vgl. Schäfers 1976, S. 199 f.)

- die Einehe (Monogamie) im Sinne einer lebenslangen ehelichen Gemeinschaft
- das Inzesttabu als Verbot von sexuellen Beziehungen zwischen Eltern und Kindern und den Geschwistern untereinander
- die Partnerwahl außerhalb der eigenen Verwandtschaft (Exogamie im Gegensatz zur Endogamie, d.h. der Heirat innerhalb der eigenen Blutsverwandtschaft)
- das Heiratsalter, in der Bundesrepublik ist es für Männer und Frauen auf 18 Jahre festgelegt
- den Grundsatz der Gleichberechtigung von Mann und Frau; diese gesetzliche Regelung bleibt zumindest in der Bundesrepublik im Bereich der Arbeit (ungleicher Lohn für gleiche Arbeit) und des sozialen Aufstiegs weiterhin Illusion denn Realität (vgl. Pross 1975).

Nun zu einigen Zahlen und Daten zur Familiensituation auf der Basis der Jahre 1970 bis 1975 (neuere Zahlen, soweit sie vorliegen, weichen nicht wesentlich davon ab, vgl. Statistische Jahrbücher und Statistisches Bundesamt 1976 ff.).

1975 leben in der Bundesrepublik ca. 62 Millionen Menschen in rund 22 Millionen Familien mit einer durchschnittlichen Kinderzahl von 1,8 Kindern (unter 18 Jahre). Rund 13 Millionen Familien sind kinderlos, etwa 4 Millionen Familien haben 1 Kind, etwa 3 Millionen 2 Kinder, etwa 1,2 Millionen 3 Kinder und 1/2 Millionen Familien haben 4 und mehr Kinder. Die Zahl der Familien mit 1 Kind dominiert also; die Kinderzahl wächst in bäuerlichen Familien, in kleinen Ortschaften, in Familien mit nur Hausfrauen als Ehefrauen und in katholischen Familien. Trotz Kindergeld und Steuervergünstigung sinkt das Lebenshaltungsniveau mit steigender Kinderzahl (Zweiter Familienbericht 1975).

Auf der Grundlage der Volkszählung von 1970 hat Pross 1975 folgendes Bild der 6 Millionen Nurhausfrauen gezeichnet: Fast die Hälfte sind Arbeiterfrauen; die Durchschnittshausfrau ist 35 Jahre alt, hat zwei Kinder. Ihr Mann ist 41 Jahre alt, als einziger Verdiener bringt er im Durchschnitt 1.300,-- DM netto in den Haushalt; die Familie hat 3 Zimmer. Der Hausfrauentag beginnt um 6.30 Uhr und endet um 22.30 Uhr; er besteht aus dem Herrichten von drei Mahlzeiten, Putzen, Einkaufen, Kindererziehen, Hausaufgabenkontrollieren, Waschen, Einkochen und Vorratshaltung. 40 % der Hausfrauen stammen aus Angestellten- und Beamtenfamilien; das Familieneinkommen liegt hier bei 1.800,-- DM netto. Arbeiterhaushalte mit ungelernten oder angelernten Arbeitern haben weit mehr Kinder, kleinere Wohnungen, weniger Einkommen, sie sind insgesamt schlechter gestellt. Etwa die Hälfte der Arbeiterfrauen lebt in solchen Familienverhältnissen.

Das Heiratsalter der Männer (27,9 Jahre) liegt 1973 etwa 2 bis 3 Jahre über dem der Frauen (25,5 Jahre); in der Altersgruppe zwischen 25 und 55 Jahren sind durchschnittlich 80 % der Männer und Frauen verheiratet. 57,3 Ehescheidungen gibt es im Durchschnitt auf 10000 Ehen oder 14,5 Scheidungen auf 10000 Einwohner; mit wachsender Kinderzahl gehen Ehescheidungen zurück: Während 1974 der Anteil der Familien mit 4 und mehr Kindern kanpp 7 % betrug (bezogen auf die Summe der Familien, die überhaupt Kinder hatten), belief sich der Anteil dieser Familien an der Summe der Scheidungen auf knapp 4 % (Schäfers 1976, S. 206).

Im „Internationalen Jahr des Kindes 1979" beschließen wir unsere kleine Statistik mit einigen Materialien zur Situation des Kindes in der Bundesrepublik (die Zahlen sind der Frankfurter Rundschau entnommen, ebenso: Arbeitsgruppe Kinderschutz 1975, Christensen u.a. 1978):

- Die Mütter- und Säuglingssterblichkeit liegt trotz rückläufiger Tendenzen in den letzten Jahren immer noch erschreckend hoch. Im europäischen Vergleich nimmt die hochentwickelte Bundesrepublik mit 15,3 tot geborenen oder im ersten Lebensjahr gestrobenen Säuglingen den 12. Platz unter 22 Ländern ein; bei der Müttersterblichkeit liegt sie mit 36,3 Todesfällen auf 100.000 Lebendgeborene unter 16 europäischen Staaten besonders schlecht auf Rang 15
- an weltweit 1. Stelle steht die Bundesrepublik bei Verkehrsunfällen mit Kindern: 1977 verunglücken 60.548 Kinder unter 15 Jahren im Straßenverkehr, davon 1.354 tödlich
- 55 % aller Familien mit 3 und mehr Kindern leben in extrem engen Wohnverhältnissen; 800.000 Kinder haben kein eigenes Bett, hunderttausende Kinder leben in Wohnlagern und Obdachlosenasylen
- 27,8 % aller Arbeiterhaushalte mit 2 Kindern, 35,3 % mit 3 Kindern und 50 % mit 4 Kindern haben ein Einkommen, das unterhalb der Sozialhilfeschwelle liegt
- 20 bis 30 % der Kinder in der Bundesrepublik sind verhaltensgestört, ein noch höherer Prozentsatz ist „verhaltensauffällig"; jedes 5. Kind hat vorsichtigen Schätzungen zufolge ein körperliches Leiden
- die Schätzungen über Kindesmißhandlungen schwanken zwischen 30.000 und einer Million pro Jahr, dabei kommen mindestens 200 Kinder zu Tode, andere Quellen sprechen von ca. 1.000 Todesfällen

- über 60 % der bundesdeutschen Eltern halten Prügel für einen unverzichtbaren Bestandteil der Erziehung
- die Chancen der Kinder unterliegen, wie gesehen, immer noch Klassengrenzen, nur 18 % der Gymnasiasten sind Arbeiterkinder
- die Zahlen der Jugendkriminalität, des Alkohol- und Drogenkonsums steigen sprunghaft an; allein die Zahl tatverdächtiger Kinder unter 14 Jahren erhöht sich zwischen 1975 und 1977 um 30.8 % auf 90.470; darüber hinaus gilt die Bundesrepublik als Heroinland Nr. 1 in Westeuropa (vgl. stern magazin, Heft 42/1979) mit 593 Toten durch Drogen im Jahr 1979 (318 in 1978)
- 22.000 Kinder kehren ihrem Elternhaus pro Jahr den Rücken; 1977 begehen 86 Kinder unter 14 Jahren und über 600 Kinder in der Altersgruppe zwischen 10 und 20 Jahren Selbstmord (insgesamt stirbt alle 45 Minuten in der Bundesrepublik ein Mensch durch Selbstmord).

Angesichts solcher erschreckender Ergebnisse der Familienerziehung in der Bundesrepublik ziehen alternative Formen der Vergesellschaftung (Wohngruppen, Kommunen, Großfamilien) das Interesse auf sich. Inwieweit sie tatsächlich Alternativen zur bürgerlichen Kleinfamilie unter den *gegebenen* wirtschaftlichen und gesellschaftlichen Bedingungen darstellen, entzieht sich noch einer qualifizierten Beurteilung (einen breiten Überblick über alternative Lebensformen verschaffen Hollstein 1979 und Wenke/Zilleßen 1978).

Zusammenfassung: Auch die Familien geraten in den Sog des Industrialisierungsprozesses mit einschneidenden Veränderungen. Nicht unwesentlich an der Kapitalanhäufung in privater Hand beteiligt, kennzeichnen sie u.a. die Trennung von Lebens- und Arbeitswelt, die Entwicklung zur Kleinfamilie mit gewandelten Familienfunktionen und ungleichen Herrschafts-, Sozial- und Rechtsverhältnissen, mit rigider, durch die Weitergabe der Frauen- und Männerrolle in der Kindererziehung stets reproduzierter Rollenverteilung (auf diese Weise werden z.B. Mädchen frühzeitig daran gewöhnt, sich so zu verhalten, wie es die Gesellschaft von Frauen erwartet) etc.: auf weitere Veränderungen geht das nächste Kapitel ein. Der Gewalt kapitalistischer Arbeitswelt (strenge Herrschaftsordnung, Ausbeutung der Arbeitskraft durch privates Eigentum an Produktionsmitteln usf.) entspricht jene reale physische und psychische Gewalt, welche auch heute noch in einer Vielzahl der Familien aller Klassen und Schichten gang und gäbe ist (starkes Autoritätsgefälle, Privateigentum an Frau und/oder Kindern etc.). Prügel, Liebesentzug, fehlende Zuwendung, Geborgenheit und Nestwärme legen dafür ebenso Zeugnis ab wie wachsende Zahlen von Frauen- und Kindesmißhandlungen mit hohen Dunkelziffern. Erst allmählich beginnen eingespielte Rollenmuster aufzuweichen und schaffen gesetzliche Regelungen die materiellen und rechtlichen Voraussetzungen für weniger gewaltsame Familiensituationen. Für eine Familienpolitik, welche die Folgewirkungen des bestehenden Wirtschaftssystems bis in die Familien hinein auffangen will, bleibt weiterhin viel zu tun (Eherecht, Familienrecht, Stellung der Hausfrauen, Jugendarbeitsschutz u.a.m.).

4.2.3 Werte im sozialen Wandel

Die scheinbare Ruhe in der Bundesrepublik verdecke nur eine Veränderung der alten Wertvorstellungen, die schleichende Krise der Republik schreite voran und bringe diesen Staat in Gefahr – so ein Papier der CDU-Planungsgruppe in Bonn (vgl. Die Zeit vom 14.7.1978) –; ein Evangelischer Initiativkreis beklagt die Zersetzung des Volkes durch „enthemmte Geschlechtlichkeit", Verweigerung von Gehorsam gegenüber dem Staat, sinkender Bereitschaft zur Wahrung des kulturellen Erbes und fordert alle christlichen Frauen auf, die „gottgegebene Würde der Frau" wiederherzustellen, ebenso die „geistliche Harmonie" des Ehe- und Familienlebens, um auf diese Weise das bundesrepublikanische Volk vor Anarchie und Tyrannei zu schützen (vgl. Frankfurter Rundschau vom 10.8.1979); in einer „Kampfansage an den Rechtsstaat" (so die SPD) setzen CDU und die katholische Deutsche Bischofskonferenz die vom Bundestag beschlossene und vom Bundesverfassungsgericht bestätigte Reform des Abtreibungsparagraphen 218 mit den staatlich organisierten Massenmorden während des Faschismus gleich und bezeichnen unter Berufung auf sittliche Werte und Normen die Regelung des Schwangerschaftsabbruchs als „direkten Weg zurück nach Ausschwitz"; einer Untersuchung des stern über die „Moral 1978" zufolge gehört Sexualität zum Leben der jungen Bundesrepublikaner wie Flippern oder ins Kino gehen, nur noch jeder 12. junge Mann und jedes 5. junge Mädchen verzichten auf dieses Glück (vgl. stern magazin, Heft 22/1978): Untergang der Republik, Auflösung des christlichen Abendlandes, Anarchie und Tyrannei?

Die beliebig angeführten Beispiele, unschwer um Dutzende zu erweitern, zeigen auf jeden Fall dies: Althergebrachte und altehrwürdige Werte sind in Frage gestellt; die ökonomischen, technischen und politischen Veränderungen verschonen auch nicht Wertfundamente, mit den Folgen – so jedenfalls die Autoren des Funk-Kollegs – einer „tiefgreifenden Krise der Werte" (1976, S. 204). Einzuschätzen, was sich im Wertbereich wandelt und welche Gründe dahinterstecken, erfordert systematisches Herangehen; am Anfang steht daher zunächst Begriffliches.

Werte repräsentieren Auffassungen des Wünschenswerten, des Wertvollen und des Guten. Ist eine ganze Gesellschaft (und nicht nur ein einzelner) davon überzeugt, daß sogenannte Grundwerte wie Freiheit, Gleichheit und Demokratie Orientierungspunkte ökonomischen, politischen und sozialen Handelns darstellen, handelt es sich um soziale oder gesellschaftliche Werte. (Bei dieser Gelegenheit: Die Aufforderung des ehemaligen Bundeskanzlers Brandt, „mehr Demokratie“ zu wagen, ist Mitauslöser einer heftigen Grundwertedebatte in der Bundesrepublik. Konservative Kräfte sehen darin de facto die Fundamente des kapitalistischen Systems tangiert, de jure stellen sie ihr die Forderung nach „mehr Freiheit“, d.h. mehr Privatisierung aller gesellschaftlichen Bereiche entgegen, was wiederum tatsächlich einer Erweiterung kapitalistischer Einflußbereiche entspricht. In diesem Zusammenhang scheint beinahe jedes Mittel recht, z.B. die Diffamierung der Brandtschen Äußerung als eine der „gefährlichsten Aufforderungen“ seit Bestehen der Bundesrepublik, so der niedersächsische CDU-Innenminister Möcklinghoff). Die Summe der gesellschaftlich geltenden Werte bilden ein Wertsystem, welches eine Rangskala der Relevanz nach dem Grad der Zustimmung zu einzelnen Werten und nach der Beziehungsrelation der Werte untereinander besitzt (vgl. Bartelt 1979); in der historischen Entwicklung von Gesellschaft können Werte ihren Platz innerhalb eines gesellschaftlichen Wertsystems verändern. Das Wertsystem erfüllt vielfältige Aufgaben. Auf der individuellen wie gesamtgesellschaftlichen Ebene motiviert und legitimiert es Handlungen und Entscheidungen und dient damit dem Zusammenhalt der Gesellschaft insgesamt. Wertesysteme stehen in Verbindung mit sozialen Normen als Kriterien des Handelns mit verpflichtendem Charakter. Dabei handelt es sich bei Normen um objektive Regeln menschlichen Zusammenlebens oder, weniger bindend, um Erwartungen, die die Menschen gegenseitig entwickeln. In jedem Fall nehmen Werte in der Persönlichkeitsstruktur des Einzelnen eine zentrale Position ein und beeinflussen das Verhalten. Veränderungen im Wertesystem zeigen Veränderungen in Einstellungen, Beurteilungen usf. an und bewirken vielfach Änderungen des Handelns und Verhaltens (siehe z.B. Klages/Kmieciak 1979).

Mit dem Hinweis auf Wandlungen des Wertsystems in der geschichtlichen Entwicklung von Gesellschaft deutet sich die Art der Verbindung zwischen gesellschaftlichen Strukturen und Werten, Überzeugungen, Einstellungen, Gefühlen, kurz: dem individuellen und gesellschaftlichen Bewußtsein, an. In einem wechselseitigen Abhängigkeits- und Beeinflussungsverhältnis wirken ökonomische, politische etc. Kräfte wie auch subjektives Handeln und Verhalten auf den Wandel des gesellschaftlichen Wertsystems ein, letzteres z.B. auch mittels der gerade gegenwärtig praktizierten alternativen Lebensformen mit Wertorientierungen wie Partnerschaft, Solidarität, Partizipation, Befriedigung bisher unterdrückter Bedürfnisse (Zuneigung, Liebe) etc.. Sind Werte und Normen wie ihre Veränderbarkeit sozial bedingt, ist die Vermittlung sozialer und gesellschaftlicher Wertvorstellungen im Prozeß der familialen Sozialisation, also der Erziehung innerhalb der Kleinfamilie, genauer als bisher geschehen nachzuzeichnen.

In der soziologischen Literatur verbinden sich mit dem Erziehungsprozeß zwei allgemeine, gegensätzliche Vorstellungen: Einerseits das Bild vom „Nürnberger Trichter". Das Kind muß widerstandslos die von den Eltern u.a. gelehrten Rollen und Normen schlucken; am Ende steht der sozialisierte Erwachsene als angepaßter Rollen- und Normenträger, der die Prinzipien der Gesellschaft zu seinen eigenen gemacht, sie „internalisiert" (verinnerlicht) hat. Andererseits die Vorstellung von der Sozialisation im Sinne eines komplizierten Austausches von Handlungen durch das intensive Gespräch. Danach erlernt das Kind Rollen und Normen in einem fortwährenden sprachlichen Austausch mit seinen Eltern und Geschwistern, später auch mit der Schriftsprache (Bücher, Zeitungen) und gesellschaftlichen Institutionen. Aus dieser Sicht übernimmt das Kind bereits mit dem ersten Lallen die Rolle des Interaktionspartners, tauscht in zunehmend verfeinerter Form Verhaltenserwartungen und Symbole aus, „konstruiert" gesellschaftliche Wirklichkeit durch Sprechen (Berger/Kellner). Am Ende steht eine selbständige, erwachsene Persönlichkeit – so jedenfalls die Annahme.

Beide Varianten nehmen Bezug auf jenes Grundproblem der Weitergabe gesellschaftlicher Werte, für dessen Lösung im familialen Sozialisationsprozeß Claessens 1976 folgende Phasen entwickelt und damit breite Anerkennung gefunden hat:

1. Phase der Soziabilisierung: Die Mutter-Kind-Beziehung legt das gefühlsmäßige Fundament für späteres soziales Handeln, das Kind wird „gesellschaftsfähig" gemacht.
2. Phase der Enkulturation: Das Kind lernt zu unterscheiden zwischen „mein" und „dein", zwischen „oben" (die elterliche Autorität) und „unten" (die eigene Abhängigkeit).
3. Phase, die der zweiten parallel läuft: Die Übernahme von bestimmten sozialen Fähigkeiten und Rollen, die „sekundäre soziale Fixierung".

Ob in der einen oder anderen Varianten der Prozeß der persönlichen und gesellschaftlichen Entwicklung unter kapitalistischen Verhältnissen erfaßt ist, steht hier nicht zur Diskussion (daß es daran Zweifel geben kann, zeigt z.B. die Arbeit von Sève 1973); vielmehr: Ist durch diese Erziehung der Erzogene in den Stand versetzt, daß Ergebnis seiner Erziehung später auch selbst überprüfen zu können? Hat der Erzogene durch seine Erziehung zu fragen gelernt, wem die übernommenen Werte und Normen dienen, wem oder wozu sie nützen?

Die mit der Industrialisierung sich durchsetzende Kleinfamilie genügt solchen Ansprüchen offensichtlich nicht, sie hat anderes im Sinn: Den Eigenwillen des Kindes zu brechen, den ursprünglichen Wunsch nach freier Entwicklung seiner Triebe und Fähigkeiten durch den Zwang zur unbedingten Pflichterfüllung zu ersetzen, sei von Beginn der Geschichte der Kleinfamilie an immer schon ihr bewußtes Ziel gewesen, hebt die Frankfurter Schule um Adorno und Horkheimer schon vor mehr als vierzig Jahren hervor. Dem entspricht die Aufgabe der Kleinfamilie als „Erzeugungsort zukünftiger untertäniger Familien- und Gesellschaftsmitglieder" (van Ussel) mit der Vermittlung solcher Werte wie produzieren, Leistungen vollbringen, Karriere machen, arrivieren, vorpreschen, andere wegdrängen usf.. Bis heute habe sich daran wenig geändert, mit der Folge, „daß die meisten Menschen die Möglichkeit, ja sogar die Vorstellung des Glücklichseins, des psychischen, körperlichen und sozialen Wohlbehagens gar nicht mehr kennen" (van Ussel, zitiert in Meyer 1973, S. 36).

Unterstützung in der Betonung des Wertsystems findet diese Auffassung schon bei Max Weber aus ökonomischer Sicht (zum folgenden auch Bartelt 1979, S. 81 ff.): Der „Geist" des Kapitalismus, der nach Weber in seinen Anfängen als religiös begründete und motivierte „Protestantische Ethik" auftrat, beinhaltete Grundwerte wie Arbeit und Beruf mit dem vorrangigen Ziel des Gewinns und der Anhäufung materiellen Kapital- und Güterreichtums, hohe Wertschätzung der Rationalität (angewendet auf die Berufsarbeit und den persönlichen Lebensstil zur Kontrolle des religiösen Erfolgs als „Fortschritt zum Jenseits", Bartelt), Expansion des Erwerbs und der Mehrung des Gewinns, Selbstbeherrschung, Mäßigkeit, hartes und stetiges Arbeiten, Leistungsbetonung und Genußfeindlichkeit. Die weitere Geschichte des Wertsystems unter ökonomischem Aspekt ist schnell aufgezeichnet:

Mit Beginn des 20. Jahrhunderts klettern in der Kapitalismusentwicklung Wertorientierungen wie Rationalismus und Egoismus in der Rangordnung des Wertsystems höher; vor allem der Wert, für sich selbst materiellen Nutzen zu erreichen, ausgerichtet an der Rationalität kapitalistischer Gewinn- und Verlustrechnung, wird zentraler Inhalt des bürgerlichen Wertsystems. Neben Pünktlichkeit, Ordnung, Sauberkeit, Fleiß, Mäßigung, Genauigkeit usf. tritt die Vorstellung, daß Glück liege in der Befriedigung materiell zu erfüllender Bedürfnisse. Wenig später, sobald die ökonomischen Voraussetzungen erfüllt sind, gilt der expansive Massenkonsum als ethisch gut, moralisch legitim und verbreitet sich als handlungssteuernde Orientierung im großen Stil (erinnert sei in der Bundesrepublik an die Freßwelle, Bekleidungswelle, Haushaltswelle, Edelfreßwelle etc.). Asketische Werte wie Genügsamkeit, Sparsamkeit etc. verlieren an Bedeutung. Die kurzfristige Ersetzung alter durch neue Konsumgüter entwikkelt sich zur Strategie des Kapitals (Werbung und Marketing); dazu müssen Wünsche geweckt und ihre Verwirklichung gesellschaftlich bewertet werden (durch Prestige, Statussymbol). Und immer steht die Familie in vorderster Front: Sie erzieht zum Eigennutz, zur Durchsetzung gegenüber anderen mit allen gesellschaftlichen Mitteln; sie lehrt Pünktlichkeit und Fleiß, Ordnung und

Sauberkeit, sie konsumiert, sie erliegt künstlich erweckten Bedürfnissen, sie macht sich diese zu eigen, vermittelt sie an ihre Kinder (sofern nicht diese bereits selbst Objekt ökonomischer Strategien sind).

Auf das Interesse von bundesrepublikanischer Ökonomie und Politik ansteigenden Konsums hat Bartelt (1979, S. 31 f.) aufmerksam gemacht: Trotz ungelöster Rohstoff- und Umweltprobleme nach wie vor aus Kapitalverwertungsinteressen auf Wachstum programmiert, propagiert das ökonomische System Bedürfniserweiterungen und gesteigerten Konsum, mit dem Versprechen eines höheren Lebensstandards für alle Arbeitnehmer (die Realität sieht, wie gesehen, häufig anders aus). Die Erhaltung und Steigerung des Lebensstandards wiederum gilt in der Bundesrepublik als Voraussetzung politischer Stabilität und Grundlage der Freiheit; darüber hinaus gilt die Annahme, ein Abbau der hohen Arbeitslosigkeit ohne Wirtschaftswachstum sei nicht möglich. Die Zentralität des Grundwerts expansiver Konsum offenbart sich auch im Kontext zweier weiterer Grundwerte, Arbeit und Leistung. Habermas folgend schreibt Bartelt: „Um zu intensiver Arbeit motivieren zu können und diese zu legitimieren, müssen die Bedürfnisse expansiv bleiben, und ihre Befriedigung durch expansiven Konsum muß sichergestellt sein. Würden im Rahmen des geltenden Wertsystems die konsumtiven Belohnungen und Entschädigungen verringert, ohne daß diese von einem allgemeinen Konsens getragen würde, so wäre eine Krise der Leistungsmotivation und damit der Legitimation des derzeitigen gesellschaftlichen Wertsystems zu erwarten“ (Bartelt S. 94).

Zur kapitalistischen Überformung des gesellschaftlichen Wertsystems zählt auch, wie angedeutet, die in der familialen Sozialisation vollzogene Reglementierung von Trieben (Sexualität, Nahrung, Stuhlentleerung). Triebverzicht und Triebverdrängung in frühkindlichen Erziehungsprozessen haben eklatante Folgen:

- Sie führen in der oralen Phase zu Eßsucht, Wassersucht, Rauchen, Trinken als späte Ersatzbefriedigung (vgl. Plack 1967); die orale Phase bezeichnet nach Freud den ersten Lebensabschnitt des Kindes, in welchem der Säugling ein Gefühl der Lust, des Vertrauens, der Geborgenheit, der Sicherheit entwickeln muß
- in der analen Phase bewirken sie Ordentlichkeit, Pedanterie, Pünktlichkeit, Ekelgefühl, Sauberkeit, Waschzwang, Kratzzwang, Dogmatismus und Sadismus (Brückner 1966); nach Freud stellt die anale Phase den Lebensabschnitt des Aftergenusses dar, d.h. der Lustgewinn des Kindes durch Reizung des Aftermuskels; im Verlauf des zweiten Lebensjahres lernt das Kind, nicht nur den Aftermuskel zu beherrschen, sondern auch sich den Regeln der anderen anzupassen. Damit erlebt sich das Kind als eigene Person und nimmt Beziehungen zu anderen Menschen auf, jetzt kann es sich auch den

Geboten der Erwachsenen anpassen oder sich ihnen widersetzen. „Einige Soziologen und Psychologen sind der Ansicht, daß der Mensch in dieser Zeit wie in einem Modell lernt, sich Regeln und Gesetzen gegenüber zu verhalten. So wie er gelernt hat, den Anforderungen der Eltern zu gehorchen, so wird er später den staatlichen Stellen gehorchen: Hat er in dieser Zeit gelernt, den Eltern widerspruchslos zu gehorchen, dann wird er auch der Polizei oder anderen Stellen gegenüber williger Untertan sein" (Giesecke u.a. 1976, S. 25). Die Aktualität dieses Zusammenhangs für gegenwärtige Verhältnisse bestätigen die Ergebnisse einer mehrtägigen Erziehungsdebatte im Bonner Wissenschaftszentrum; dort werden Pflicht, Gehorsam, Fleiß, Disziplin und Ordnung Haupterziehungsziele genannt (vgl. Frankfurter Rundschau vom 19.1.1978)

- in der genitalen Phase ist liebesferne Moral im Klima der Macht, sadistische Befriedigung von verdrängter Libido die Folge (Plack); in der genitalen Phase werden nach Freud die eigenen Geschlechtsteile als besonders lustspendend erfahren. Das Kind, jetzt etwa vier Jahre alt, lernt und erlebt das Rollengefüge in der Familie; nach Umwegen (verwiesen sei auf den „Oedipuskomplex") identifiziert sich das Kind mit dem Vater oder der Mutter, will es wie sie oder wie er sein. Im Verlauf dieser Identifikation wird das Kind mit den Rollenerwartungen an einen „richtigen Vater" oder an eine „richtige Mutter" vertraut gemacht und lernt, sein Verhalten gesellschaftlichen Anforderungen zu unterwerfen. Es findet sich damit nicht nur in der Gesellschaft zurecht, es ordnet sich auch freiwillig in das Gefüge ein (Otten).

Insgesamt läßt sich festhalten: Die Triebstruktur verankert im Individuum die herrschenden Normen (Schwendter), die als Kriterien des Handelns (diese Merkmale sind Werte oder mit solchen verknüpft) verpflichtenden Charakter besitzen. Es liegt auf der Hand, daß diese Prozesse nicht in allen Familien zu jeder Zeit mit gleicher Strenge und mit gleichen Folgen ablaufen; bessere materielle Bedingungen (Einkommen, Wohnungsgröße und Wohnlage, Geschwisterzahl usf.) schaffen günstigere Voraussetzungen, z.B. für mehr Zuwendungen, geduldsameren Umgang mit Kindern u.a.m.. Insofern sind Relativierungen angebracht; sie stellen den Gesamtzusammenhang aber nicht in Frage.

Eine Wertskala, welche für die Wertvorstellungen der Bundesrepublik Gültigkeit besäße, läßt sich jedoch nicht allein mittels der geschilderten Gesichtspunkte und Ebenen aufstellen. Zwar markieren sie im wesentlichen die grundlegenden Merkmale der kapitalistischen Industriegesellschaft, nehmen aber noch zu wenig Rücksicht auf Veränderungsprozesse im Wertsystem, die seit den 60er Jahren zunehmend an Boden gewinnen. Einige sind bereits im letzten Kapitel genannt, z.B. die unter dem Stichwort der Emanzipation der

Frau sich entwickelnde Diskussion zur Rollentrennung zwischen Mann und Frau. Hinzu treten so unterschiedliche Entwicklungen wie die Liberalisierung des Scheidungsrechts, die Refom des Abtreibungsparagraphen 218, der Abbau sexueller Tabus, der jedoch zunächst nur von einer jüngeren Minderheit für das eigene Verhalten bestimmend wird (vgl. letztens den stern-Report über die „Moral '78“), die in Bürgerinitiativen zum Umweltschutz, Stadtsanierung etc. propagierten, jedoch erst allmählich auch gelebten alternativen Werte, welche sich an humanen Bedürfnissen ausrichten, u.a.m.. In der Folge prägen ambivalente Wertvorstellungen das gesamtgesellschaftlich relevante Wertsystem: Einerseits wirken vorherrschende Bedingungen dominierend in dieses Wertsystem ein, unterwerfen es in der Geschichte Veränderungen unter dem Aspekt einer günstigeren Kapitalverwertung; andererseits führen gerade die Folgewirkungen dieser wirtschaftlichen Überformung der Wertvorstellungen zu alternativen Orientierungen, deren Einfluß auf das Gesamtwertsystem vorerst noch gering sein mag, angesichts ökonomischer Krise und vielfältigen ungelösten Problemen im Produktions- und Reproduktionsbereich möglicherweise an Bedeutung gewinnen wird. In diese Richtung tendiert auch das Funk-Kolleg (1975, S. 212), dessen leicht veränderte Darstellung unsere These von der Ambivalenz des gesellschaftlichen Wertsystems in der Bundesrepublik stützen kann:

Die dominierende Stellung der kapitalistisch verzerrten Bedürfnisse wie ihre Befriedigungsweisen (B und C) zieht sich durch alle Bereiche der humanen Bedürfnisse; alternative Wertvorstellungen zu diesen Bedürfnisbereichen (A), von Profitstrukturen befreit, bleiben (vorerst) weitgehend unverwirklicht, finden aber zunehmend Platz im individuellen und öffentlichen Bewußtsein. Hier offenbaren sich Dimensionen möglicher sozialer Konflikte, die bei erfolgreicher Durchsetzung der in A zusammengefaßten Wertvorstellungen demokratische, nicht kapitalistische Problemlösungsstrukturen nach sich ziehen.

Zusammenfassung: Soziale und gesellschaftliche Wertsysteme sind das Ergebnis wechselseitiger Abhängigkeits- und Beeinflußungsverhältnisse ökonomischer und politischer Strukturen sowie subjektiver Handlungen und Verhaltensweisen. In der Entwicklung der westlichen Industriegesellschaften am Beispiel der Bundesrepublik läßt sich dennoch eine deutliche Zuschneidung der Wertvorstellungen auf wirtschaftliche Erfordernisse nachzeichnen. Der ursprünglich aus der „Protestantischen Ethik“ hervorgehende „Geist“ des Kapitalismus, in der Geschichte des Wertsystems Veränderungen unterworfen, führt letztlich zu zentralen Grundwerten wie Arbeit und Leistung aus egoistischen, der privaten Kapital- und Güterakkumulation dienenden Gründen, Wachstum um jeden Preis etc.. Vermittler dieser Werte und Normen, die mit Pflicht-

BEREICH humaner Bedürfnisse	Humane Bedürfnis- QUALITÄT A	VERZERRUNG der Bedürfnisqualität B	Befriedigung der verzerrten Bedürfnisse = DESORIENTIERUNG C
1. **Interpersonalität** **Sozialität** (Gesellschaft, Gemeinschaft, Sexualität, Familie, Festivity)	komplexfrei, herrschaftsfrei reich, variable, zärtlich	Tabuierung Repression Fixierung Herr-Knecht-Beziehung: Arbeit, Familie, Schule Tendenz zum Individualismus	Sexualisierung von Freizeit (und Arbeit) Brutalisierung (Unterhaltung) Sexualität und Brutalität als Ware
2. **Tätigkeit** (Arbeit und Freizeit)	sinnvoll und erfüllend selbständig und selbstbestimmend variabel	Zwangsarbeit (Arbeit dient nur der Befriedigung anderer Bedürfnisse und der Bedürfnisse anderer)	zwanghafte Freizeit Konsum-, Reproduktions- und Expansionszwang Normierung durch Idole, Stars, Moden
Humanität Chancengleichheit Gesundheit Kreativität		Manipulation Klassenstruktur Konsumdruck Reproduktion	
3. **Ernährung**	vielseitig biologisch „sauber" phantasievoll zubereitet	beliebige Verfügbarkeit immer größere Haltbarkeit schnelle und „einfache" Zubereitung	normierte Fertignahrung gleichartige Sortimente verschiedener Konkurrenzfirmen chemisch vergiftete Nahrung
4. **Lebens-Raum** (Wohnung Verkehr „Umwelt")	kreativ veränderbar sozial offen, freundlich großzügiger billiger und bequemer öffentlicher Verkehr	Zweckfixierung Minimalisierung Privatisierung Mythisierung („Heimat", „Privateigentum", „Fortschritt")	statusorientierte Ausstattung Propaganda für die private „heile Welt" (Quadrophonie, „neues" Auto, eigener Swimming-pool)
5. **Schutz,** **Sicherheit**	Friede = gerechte, aggressionsarme Sozialstruktur optimales öffentliches Gesundheitswesen	Friede = „Sozialpartnerschaft" Abschreckungsstruktur strukturelle Gewalt klassenspezifisches Gesundheitswesen	Werkschutz, Militär und Polizei als Ordnungsinstanzen, profitorientiertes Versicherungswesen Zivilschutz-Ideologie („Zivilverteidigung")
6. **Bildung** (Erziehung, Ausbildung, Kultur, Religion)	allgemeine und selbstverständliche Nutzung der Chancengleichheit, emanzipativ autoritätskritisch, dialogisch	klassenspezifischer Charakter Anpassung, Kritikunfähigkeit als Ziel Vertröstung und „Kompensation"	Verinnerlichung des Konkurrenzprinzips, „Erfolg" als soziales Bewertungskriterium Kultur als Ware

Quelle: Funk-Kolleg (1975, S. 212), leicht verändert

erfüllung, Gehorsam, Unterwerfung entsprechend den strengen hierarchischen Strukturen des kapitalistischen Industriebetriebs korrespondieren, ist die Kleinfamilie. Vor allem im Prozeß der frühkindlichen Sozialisation mit vielfältigen Triebreglementierungen, Unterwerfung des Kindeswillen etc. vollzieht sich die allmähliche „Zurechtstutzung" des Kindes auf gesellschaftlich Erfordertes und Genehmes, wenn auch nicht in allen Familien in gleicher Weise und mit gleichen subjektiven Entfremdungen. Die ökonomische Beherrschung des Wertsystems verliert jedoch seit einigen Jahren in wesentlichen Wertbereichen (Familie, Ehe, Sexualität etc.) an Boden, hier kommen von der subjektiven Prozesse zunehmend zum Zug. Vor diesem Hintergrund besitzt das gegenwärtige System der Wertvorstellungen in der Bundesrepublik ambivalenten Charakter: Zwar beherrschen nach wie vor wirtschaftlich profitabel Gesichtspunkte die Wertvorstellungen, jedoch führt gerade die soziale Destruktivität kapitalistisch bestimmter Werte und Normen zu Gegenbewegungen auch im Wertsystem. Die Konfliktualität dieser Prozesse lassen zukünftig u.U. grundlegende Wandlungen im gesellschaftlichen Wertsystem erwarten.

4.2.4 Sozialbeziehungen und industrielle Entwicklung

Ein wesentliches Ergebnis der bisherigen Untersuchung liegt darin: Wirtschaftliche Faktoren bestimmen Veränderungen der Arbeit, der Sozialstruktur und des Wertsystems im Industrialisierungsprozeß offensichtlich ganz entscheidend. Nun stehen die Gesellschaftsmitglieder in unmittelbarer Verbindung mit allen untersuchten Bereichen, sie handeln in ihnen, sie leben und arbeiten mit ihnen, sie sind mit ihnen aufs engste verwoben. Von daher liegt die Annahme nahe, daß die zwischenmenschlichen Beziehungen und das soziale Verhalten der Menschen selbst von ökonomischen Momenten durchsetzt sind. Die Grundzüge der Bedingungen dieser Beziehungen und des Verhaltens herauszuarbeiten, stellt sich als nächste Aufgabe. In diesem Zusammenhang ist bislang bekannt, daß

- in der westlichen Industriegesellschaft eine gesellschaftliche Minderheit den Zugang zu den Produktionsmitteln und den gesellschaftlich erarbeiteten Produkten besitzt und damit zugleich gesellschaftliche Autorität und Sanktionsgewalt (politische Macht) für sich in Anspruch nimmt und ausübt,
- die Handlungen der Menschen Handlungen zwischenmenschlicher Aneignung mit dem Charakter der Ausbeutung in der Gesellschaft mit entfalteter Warenproduktion darstellen,
- sich dieser Prozeß „auf dem Rücken" der Warenproduzenten vollzieht und – über die Äquivalenz der Problemlösungsstrukturen vermittelt – „falsches" Bewußtsein zur Folge hat, d.h. das Bewußtsein von der Notwendigkeit äquivalenter Lösungen koinzidiert mit dem Verlust des Bewußtseins von

der Ausnutzung, daß also (im Vorgriff auf die folgende Diskussion) neben die objektive Entfremdung im Arbeits- und Lebensprozeß (Betrieb, Konsum, Freizeit) eine Entfremdung des Bewußtseins tritt, daß der Mensch „von dem Bewußtsein seiner Entfremdung entfremdet ist" (Mandel 1969, S. 6).

Diese allgemeinen Anmerkungen allein genügen nicht zur angemessenen Behandlung der Aufgabe; erforderlich wäre vielmehr eine präzise ökonomische Analyse des westlichen Industriesystems über das Niveau unserer eigenen Überlegung hinaus. Ein solches Vorgehen verließe aber den Rahmen der vorliegenden Untersuchung; wir greifen daher auf neuere Literatur zurück, in welcher die gesellschaftlich-menschliche Totalität des Ausnutzungsverhältnisses sichtbar wird (so z.B. bei Brechstein 1971, Gröll 1975, Kofler 1970, Mendner 1975, Rohr 1972).

Die Autoren stimmen im Prinzip darin überein, daß die Warenproduktion a) das Entfremdungsverhältnis des Menschen zur Gesellschaft verantwortet, b) die grundsätzliche Trennung von individuellem und gesellschaftlichem Leben in der kapitalistischen Gesellschaft verursacht und c) die zwischenmenschlichen Beziehungen in einer Form bestimmt, daß diese selbst nur mit Hilfe des Warenbegriffs analysiert werden können. Ware bezeichnet in diesem Kontext neben materiellen Dingen auch Persönlichkeitsmerkmale wie Charme, Mut, Intelligenz usf.; der Warenwert ist verdinglichter Ausdruck der gesellschaftlichen, gleichen, abstrakten Arbeit, die aus einem der warenproduzierenden Gesellschaft spezifischen Verhältnis zwischen den Individuen hervorgeht (vgl. Duhm 1973, S. 31 f.). Die zur Verdeutlichung des Punktes a) notwendige ökonomische Ableitung und formale Bestimmung der verschiedenen Gesichtspunkte von Entfremdung (vom Arbeitsprodukt, von der Gesellschaft) ist von Israel 1972 und Oppolzer 1974 überzeugend vorgenommen worden; auf eine Wiedergabe wird an dieser Stelle verzichtet. Vielmehr konzentrieren wir uns auf die Trennung von Individual- und „Sozialcharakter" (Rohr) sowie auf die Folgen für die zwischenmenschlichen Beziehungen in den Bereichen der Produktion, Zirkulation (Austausch der Tätigkeiten und der Produkte) und Distribution (Verteilung der Tätigkeiten und Produkte innerhalb einer Gesellschaft) sowie schließlich der Konsumtion (Art und Umfang des Ge- und Verbrauchs des erzeugten gesellschaftlichen Reichtums).

In der kapitalistischen Industriegesellschaft sind die Menschen nicht mehr durch konkrete Tätigkeiten, sondern durch den Austausch von Arbeitsprodukten miteinander verbunden – Vorgänge, die in der Tendenz die Isolierung der Menschen voneinander nach sich ziehen.

Im *Produktionsbereich* verursachen die moderne Mechanisierung und Rationalisierung des Arbeitsprozesses und die in der From der Lohnarbeit liegende „Selbstobjektivierung“ (Lukács) des Menschen den Warencharakter menschlicher Interaktionen. Die im Produktionsprozeß begründete Isolierung sind selbst die gemeinsam Arbeitenden kaum in der Lage aufzuheben, denn die Arbeit erscheint „einem fremden Willen und einer fremden Intelligenz dienend und von ihr abgeleitet – ihre seelenhafte Einheit außer sich habend“ (Marx o.J., S. 373 f.). Lediglich auf der Grundlage der Ausbildung informeller Strukturen besteht die begrenzte Möglichkeit, die Vereinzelung der Individuen erträglich zu gestalten (s. Ottomeyer 1977, S. 96 ff.). Dessen ungeachtet läßt die entfaltete Warenproduktion den Menschen den gesellschaftlichen Charakter seiner eigenen Tätigkeit verkehrt herum erscheinen, nämlich als sachliche Verhältnisse der Individuen und gesellschaftliche Verhältnisse der Sachen (s. Gröll 1975, S. 16). Dadurch werden den Menschen die Äußerungen ihrer Tätigkeit zu fremden Mächten, wie ihnen ebenso ihre Praxis fremd erscheinen muß. Es ist also davon auszugehen, daß sich die Situation des Menschen in der westlichen Industriegesellschaft aufgezwungen darstellt, und zwar durch sein Verhältnis zu einer ihn „von außen“ (Marx) vergesellschaftenden Macht und zu Personen, die dieser Macht unterworfen und durch sie von anderen Menschen losgelöst sind.

Die Folgen für die *Zirkulations-* und *Distributionssphäre,* in welcher die Menschen durch Tauschakte miteinander in Beziehung treten, zeigen sich darin, daß die Individuen sich in erster Linie wechselseitig als Mittel für ihre eigenen Zwecke benutzen. Diesen Zusammenhang verdeutlich Preuß, indem er schreibt:

„Jeder 'benutzt' den anderen als Mittel zur Befriedigung seiner Bedürfnisse, indem er eine Ware, die er besitzt, aber nicht benötigt, gegen eine andere Ware tauscht, die er benötigt, aber nicht besitzt. Der Tauschakt stofflich unterschiedlicher Gebrauchsgegenstände setzt ihre Vergleichbarkeit voraus, die in ihrem gesellschaftlichen Charakter als Wert – als vergegenständlichte abstrakte Arbeit – liegt. Der Tausch von gleichen Werten stellt den gesellschaftlichen Zusammenhang der Privatleute her, wobei die Tauschenden einander als Eigentümer von abstraktem Wert gegenübertreten. Insofern sind sie einander gleichgültig; aber gleichzeitig kann der Tausch nur gelingen, wenn sich die Tauschenden mit ihren Waren auf ihre wechselseitigen Bedürfnisse beziehen, d.h. das Interesse des Tauschpartners am Gebrauchswert der jeweils eigenen Ware erringen. Jeder muß die Subjektivität seines Gegenüber erforschen, gerade weil er sie instrumentalisieren will“ (1975, S. 52).

Kurz: Die tendenzielle Vermarktung aller Gegenstände und Bedürfnisse, die Mechanisierung und Rationalisierung des Produktionsprozesses haben an die Stelle persönlicher Beziehungen (in der noch nicht getrennten Arbeits- und Lebenswelt der vorindustriellen Gesellschaften) der Menschen zueinander Sachbeziehungen gesetzt, mit der Folge, daß sich die Menschen primär als „Charaktermasken“ (Marx), weniger als Menschen begegnen. Damit sind persönliche Beziehungen der Menschen zueinander natürlich nicht ausgeschlossen;

werden aber diese Beziehungen gesellschaftlich relevant und sind sie in das Gesellschaftssystem eingebunden, kennzeichnet sie eine tendenzielle Qualitätsveränderung weg von persönlichen und hin zu sachlichen Beziehungsmerkmalen, begrifflich faßbar durch Ware, Geld, Kapital.

Auch in der *Konsumtionssphäre* unterliegen die Interaktionen der aus dem Zwang zur Kapitalverwertung hervorgehenden Tendenz zur Verwertung möglichst aller Dinge, einschließlich persönlicher Bedürfnisse und Eigenschaften. Es werden nicht nur Sachen, sondern auch Persönlichkeit verkauft, und damit Anerkennung, Prestige, Überlegenheit etc.; auf diese Weise lösen sich die individuellen Eigenschaften von der individuellen Persönlichkeit und werden selbst zur Ware.

„Die Menschen kaufen und setzen ein, um auf dem Markt der zwischenmenschlichen Beziehungen den gewünschten Gegenwert zu erhalten. Die Ware wird zum Ersatzsymbol einer verlorengegangenen Persönlichkeit, zur gesellschaftlichen Innenausstattung des Menschen und zum allgemeinen Zumessungskriterium der gewünschten sozialen Äquivalente. Das allgemeinste Äquivalent ergibt sich logisch aus der Struktur des Warenverkehrs: weil hier infolge der gesellschaftlich organisierten Isolierung die Liebe als emotionale Einheit mit dem oder mit den anderen nicht mehr zum Zuge kommen kann, ist das allgemeinste Äquivalent die Liebe, aber – wegen der Warenverhältnisse – nicht die im spontanen Wir-Gefühl konkreter Gesellschaftlichkeit und Solidarität sich ausdrückende Liebe, sondern die auf die Warenverhältnisse zurechtgestutzte Liebe: Prestige, Bewunderung, soziale Anerkennung, Eingeschlossensein und Dazugehörigkeit statt Ausstoßung. Ob mit oder ohne Konsumartikel, die allgemeine Tauschstruktur, die Orientierung am Gegenwert steuert mehr oder weniger das gesamte soziale Verhalten auf Erlangung eines allgemeinen Äquivalents“ (Duhm 1973, S. 86, auch Preuß 1975 und Ottomeyer 1977, in der Tendenz kaum anders Clausen 1978).

Auf dem Hintergrund der egoistisch-partikularistischen Grundhaltung und dem Vorherrschen gegenwertorientierter Denkweisen als Interaktionsmuster der Menschen in der Industriegesellschaft westlicher Prägung muß auch Solidarität als postulierter Grundwert tendenziellen Warencharakter annehmen. Solidarisches Verhalten unter den gegebenen Bedingungen zielt darauf, von einem augenblicklichen Vorteilsverzicht sich längerfristig einen um so größeren Vorteil zu versprechen. Solidarität ist dann in erster Linie lediglich ein Mittel zur Verfolgung individualistischer Ansprüche, selbstsüchtiger Rationalismus der Menschen, Kapitalismus des Gefühls und des Handelns – Merkmale, die nichts mehr mit dem solidarischen Handeln in herrschaftsfreien Produktionsgesellschaften gemeinsam haben.

Dem widerspricht nicht, daß die Interaktionspartner (Arbeiter) im *Produktions*bereich zu Kooperationsanforderungen und Solidarität mit andern Menschen fähig sein müssen, obwohl doch der Verwertungsaspekt dominiert. Dieses solidarisch-empathische Verhaltensmuster ist jedoch durch den Verwertungsprozeß vielfältig gebrochen; Solidarität tritt nicht in „reiner“ Form auf, sondern lediglich in partikularer und brüchiger Gestalt (Ottomeyer); sie stellt unter den gesellschaftlichen Bedingungen der entfalteten Warenproduktion immer nur partielle Solidarität dar. Für den *Zirkulations*bereich gilt im Prinzip Ähnliches: Er verlangt den Individuen ein Verhältnis ab, welches das Merkmal der Gleichgültigkeit dem Tauschpartner gegenüber bei gleichzeitiger Einfühlsamkeit und „Liebenswürdigkeit" vor dem Hintergrund zu instrumentalisierender Bedürfnisse auszeichnet. Die Interaktionspartner sind gezwungen, diese beiden Verhaltenselemente zu integrieren; daneben treten die Anforderungen, mögliche fremde „Überlistungsversuche" (Ottomeyer) im vorhinein vorauszusehen und über die Fähigkeit der Härte zu verfügen.

Daß auf Solidarität, Empathie, Hilfsbereitschaft u.a. gegründetes Sozialverhalten auch in der kapitalistischen Industriegesellschaft möglich, ja sogar notwendig ist, wird hier nicht in Abrede gestellt. Der Unterschied zur Produktionsgesellschaft besteht aber darin, daß diese Verhaltensweisen, eben weil sie aus ökonomischen Notwendigkeiten hervorgehen, in letzter Konsequenz gegen die Interaktions- und Kommunikationspartner gewendet sind.

Zusammenfassend gilt: Die ökonomisch-gesellschaftlichen Verhältnisse in den westlichen Industrienationen deformieren die Menschen tendenziell in ihrer Arbeits- und Lebenssituation, entfremden sie von ihrer Arbeit und ihren Bedürfnissen, verantworten Isolierung, Gleichgültigkeit, Kontaktunfähigkeit als Kennzeichen zwischenmenschlicher Beziehungen, fördern Mißtrauen und die „Entartung" solidarischen Handelns. Der Tauschwert bestimmt, bewußt oder unbewußt, das gesamte Verhalten; alle Fähigkeiten und Vorzüge, die die Menschen besitzen, laufen Gefahr, als Waren gehandelt zu werden, mit dem Ziel, bestimmte Gegenwerte zu erhalten. Die Interaktionen zwischen den Individuen lassen sich tendenziell als „Wegwerfbeziehungen" (Pohrt/Schwarz) oder „Einwegbegegnungen" (so der Sänger Reinhard Mey) bezeichnen – nach einmaligem Gebrauch an Wert verlierend oder bereits wertlos. (Dieser Versuch einer allgemeinen Bestimmung veränderten Sozialverhaltens im Verlauf industrieller Entwicklung der genannten Prägung schließt selbstverständlich einzelne Gegenbeispiele nicht aus).

4.3 Entwicklung und Veränderung in der Dritten Welt (Abriß)

Stehen die westlichen Industriegesellschaften auch im Mittelpunkt der vorliegenden Untersuchung, erfordern die Länder der Dritten Welt schon aus dem Grunde Aufmerksamkeit, da ihre Geschichte – vielfach eine lange Historie der Unterdrückung mit wesentlichen Veränderungen der ökonomischen und Sozialstruktur – untrennbar mit der Entwicklung der hochindustrialisierten kapitalistischen Nationen verbunden ist. In der Beschreibung des technischen und wirtschaftlichen Fortschritts nach der industriellen Revolution deutet sich diese Beziehung an (Kap. 4.1), hier ist sie zu vertiefen.

Angesichts vielfältiger, in der Geschichte meist kolonialer und imperialistischer Verflechtungen zwischen den Ländern Asiens, Afrikas und Lateinamerikas als Rohstofflieferanten, Absatzmärkte, Arbeitskräftereservoirs etc. und den Staaten der westlichen Welt als Käufer von Rohstoffen und Halbfertigwaren, Verkäufer von Fertigprodukten und Technologien etc. ist die Rede von der „Selbstverschuldung" der Unterentwicklung der Dritten Welt, wie sie besonders der Struktur-Funktionalismus und auf ihn grundgelegte Modernisierungstheorien im Konzept der Industriegesellschaft als „Leistungsgesellschaft" und der traditionellen Gesellschaftssysteme als „Nichtleistungsgesellschaft" propagiert (vgl. Jäger 1973), abwegig. Vielmehr besteht Grund zur Annahme, daß die Unterentwicklung vor allem das Ergebnis der Integration dieser Länder in internationale, westliche, kapitalistische Strategien ist, daß also, wie Meueler es formuliert, die Unterentwicklung in der Dritten Welt als Funktion der Entwicklung auch in der Bundesrepublik bezeichnet werden kann (vgl. 1973, S. 362). Zur Begründung dieser These wäre allerdings eine breit angelegte ökonomische, historische und strukturelle Analyse notwendig, die durchzuführen der Raum fehlt; das geschieht an dieser Stelle nur in Ansätzen, jedoch in einer Form, welche die wirtschaftlichen Abhängigkeitszusammenhänge zwischen Erster und Dritter Welt sichtbar macht. Zu beginnen ist mit der Frage, was denn eigentlich Entwicklung im Kontext der Dritten Welt bedeutet und wodurch sie sich von gesellschaftlichen Prozessen in den Industrienationen unterscheidet.

Im Unterschied zu den Staaten Westeuropas und den USA bezieht sich Entwicklung in der Dritten Welt bereits auf die Sicherung der fundamentalen Mittel zur Befriedigung menschlicher Grundbedürfnisse wie Nahrung, Bekleidung, Wohnen (Problem: Beseitigung der Armut, vgl. Seers 1974). Nach Schätzungen der UN starben 1978 60 Millionen Menschen an Hunger und Unterernährung, davon 30 Millionen Kinder; insgesamt leiden 800 Millionen Menschen in den Entwicklungsländern an Unterernährung und daraus resultierenden Krankheiten (zum Vergleich: 1978 wurden in aller Welt 450 Milliarden Dollar für Rüstung ausgegeben, d.h. eine Welt ohne Hunger wäre eine Welt ohne Rüstung, wie der Welternährungsrat hervorhebt, vgl. Frankfurter Rundschau vom 7.9.1979).

Das Beispiel Mexiko wirft Licht auf die ökonomischen Zusammenhänge: 1979 exportiert Mexiko Lebensmittel von hohem Nährwert und guter Qualität, obwohl mehr als 19 Millionen Kinder und etwa 20 Millionen Menschen an Unterernährung leiden bzw. unter Ernährungsbedingungen leben, die weit unter dem von internationalen Organisationen empfohlenen Minimum liegen. Die Gründe für Hunger trotz Überfluß liegen besonders darin: 30 %

der Bevölkerung erhält lediglich 6 % der im Land produzierten Lebensmittel, während etwa 17 % der Einwohner rund 50 % aller Lebensmittel konsumiert – hier eignen sich offensichtlich partikulare Gruppen große Teile des gesellschaftlich erarbeiteten Mehrprodukts auf Kosten Anderer an; die Struktur der einheimischen Lebensmittelindustrie ist durch die Anwendung fremder Technologien deformiert, mehr als ein Drittel der Ernten geht bereits beim Transport verloren und fast 50 % bei der Lagerung – die in den westlichen Industrienationen entwickelten und mit Profit verkauften Technologien entsprechen nicht den spezifischen historisch-ökonomischen Besonderheiten Mexikos; schließlich fördern transnationale Konzeren, die 91 % der Lebensmittelherstellung kontrollieren, die Produktion von Luxusartikeln, welche nicht den Bedürfnissen des Landes angemessen sind – weltwirtschaftliche Arbeitsteilung und industrielle Auslagerung von Produktionsprozessen (s.u.) setzen sich über nationale Interessen- und Bedürfnislagen hinweg, wenn sie nur dem Prinzip der profitablen Verwertung von Kapital dienen.

Eine weitere Bedingung von Entwicklung ist die Schaffung von Arbeitsmöglichkeiten. Strukturelle Arbeitslosigkeit stellt ein zentrales Problem in den Ländern der Dritten Welt wie in denen der westlichen Industriegesellschaften dar; sie erklärt sich nicht zuletzt aus dem System der neuen Arbeitsteilung im weltweiten Maßstab der Interdependenzen zwischen entwickelten und unterentwickelten Gesellschaften (s.u., Problem: Abbau der Arbeitslosigkeit). Schließlich eine dritte wesentliche Entwicklungsbedingung, soziale Gleichheit. Eine Verwirklichung menschlicher Persönlichkeit, in allen Ländern erklärtes Ziel gesamtgesellschaftlicher Problemlösungsaktivitäten, erfordert gerechte Einkommens- und Vermögensverteilungen ebenso wie demokratische Strukturen in politischen, rechtlichen, kulturellen Bereichen (Problem: Überwindung sozialer Ungleichheit). Darüber hinaus nennt Seers weitere Bedingungen einer allseitigen menschlichen Entfaltung wie Bildungsniveau, Redefreiheit, Staatsbürgerschaft in einer wirtschaftlich und politisch von anderen Gesellschaftssystemen unabhängigen Nation; sie wiederum setzen die Realisierung der Befriedigung menschlicher Grundbedürfnisse, Arbeitsmöglichkeiten und soziale Gleichheit voraus. Sind Bedingungen und Ansprüche der Entwicklung in der Dritten Welt umrissen, verschaffen wir uns einen Überblick über die gegenwärtige Situation der armen Länder (vor allem) Afrikas und Asiens anhand sozio-ökonomischer Merkmale unter Berücksichtigung kolonialgeschichtlicher Ergebnisse.

Erstens sticht die gewaltige Kluft zwischen dem Lebensstandard der armen und reichen (industrialisierten) Länder ins Auge. Im Durchschnitt des Pro-Kopf-Einkommens erreichen die Länder der Dritten Welt weniger als ein Zehntel des Wertes für die kapitalistischen Länder (vgl. dazu und auch folgend Weisskopf 1974, S. 168 ff.).

Zweitens ist die Einkommensverteilung in den nichtsozialistischen Nationen der Dritten Welt noch ungerechter als in den westlichen Ländern; auf 5 % der Bevölkerung der Dritten Welt entfallen durchschnittlich 40 % des Gesamteinkommens, in den Ländern der westlichen Welt dagegen „nur" 20 %.

Drittens bestehen vielfältige wirtschaftliche, zum Teil aus dem kolonialen Erbe hervorgehende Abhängigkeiten der armen von den reichen Ländern. Die Exporte der Dritten Welt beziehen sich vorwiegend auf Agrarprodukte und Rohstoffe, die Importe auf industrielle Fertigwaren und Technologien aus den kapitalistischen Ländern; dabei konzentrieren sich die Exporteinnahmen der meisten armen Nationen auf wenige Waren (fast die Hälfte der gesamten Exporteinnahmen entfällt auf das Hauptexportprodukt, nahezu drei Viertel auf die drei wichtigsten Exporterzeugnisse). Preisveränderungen auf dem Weltmarkt treffen diese Länder also mit voller Wucht und führen zu Zahlungsbilanzkrisen mit Handelsbilanzdefiziten, die wiederum nur durch zunehmenden Einsatz von Auslandskapital aufgefangen werden können – um den Preis der Kontrolle/Abtretung von nationalen Ressourcen durch/an ausländische Besitzer mit stetigem Abfluß der Gewinne in das „Geberland".

Viertens kennzeichnen die meisten armen Länder Tendenzen der Erhaltung *und* der Auflösung traditioneller, nichtkapitalistischer Elemente der Produktionsweise, besonders Bedarfswirtschaft (Subsistenzreproduktion, Fehlen „freier" Lohnarbeiter, Mangel an erweiterter Reproduktion durch Kapitalanhäufung) als Folgen der weltweiten Ausbreitung des Kapitalismus (s. Hauck 1979). In den wenigen städtischen Zentren und in der Nähe wichtiger Rohstoffquellen entwickelt sich ein weitgehend moderner, kapitalistischer Produktionssektor, in welchem Waren als Tauschwerte hergestellt werden und die Arbeitskraft selbst Warencharakter annimmt, durch Geld entlohnt. In den übrigen Gebieten des Landes dagegen dominiert ein traditioneller, nichtkapitalistischer Produktionssektor; eine verallgemeinerte Warenproduktion findet nicht statt, vielmehr dienen Waren als Gebrauchswerte (Subsistenzreproduktion), die Arbeitskraft muß sich nicht als Ware auf dem Arbeitsmarkt verkaufen. Die Bedeutung des moderneren Sektors ist nicht in allen armen Ländern gleich, sie richtet sich nach der Kolonialgeschichte und nach der Einbindung des betreffenden Landes in internationale westliche Weltstrategien.

Fünftens entspricht dieser „kolonialen Produktionsweise" (Alavi) als Mehrsektorenwirtschaft eine heterogene soziale und politische Struktur. Die Macht konzentriert sich in der Regel bei einer kleinen Elite, welche sich aus Mitgliedern des traditionellen Bereichs (Großgrundbesitzer, wohlhabende Händler und andere Elitegruppen mit lokalen Machtinstitutionen auf gentiler und feudaler Grundlage und traditionalistischen Rechtsnormen) und des modernen Sektors (Großbürger wie nationale Bourgeoisie, Selbständige, Bürokraten,

Offiziere usf. mit westlich orientiertem Lebensstil und modernen politischen Institutionen etc.) zusammensetzt. Dieser zahlenmäßig geringen, im allgemeinen politisch mächtigen Elite steht die Masse der kleinen Bauern, besitzlosen Landarbeiter, ungelernten Arbeiter und das Heer von Arbeitslosen gegenüber, die ihrerseits jedoch wegen des niedrigen Stands der Industrialisierung noch keine einheitliche Arbeiterklasse bilden (die meisten Arbeiter sind in der Kleinproduktion wie Manufaktur-, Handwerks-, Gewerbebetriebe und in kleinen Handels-, Transport- und Dienstleistungsunternehmen beschäftigt, dadurch zersplittert und von einander isoliert und in ihrem Klassenbewußtsein wenig entwickelt). Zwischen der Elite und der Masse der Bevölkerung rangieren wiederum von Land zu Land unterschiedlich bedeutsame Zwischenschichten wie angelernte Arbeiter, das Kleinbürgertum (selbständige Handwerker, kleine Händler, Gewerbetreibende) und die Intelligenz (Angestellte, Staatsbeamte, freiberuflich Tätige, Militärangehörige). Dieser Sozialstruktur korrespondiert in den meisten armen Ländern ein Staatsapparat, welcher in erster Linie den Interessen der kleinen Elite zuarbeitet und ihrer Kontrolle unterliegt; allerdings sind auch hier, wie in allen anderen Bereichen, Differenzierungen von Land zu Land notwendig.

Insgesamt lassen sich also vielfältige sozio-ökonomische Verschränkungen der Dritten Welt mit der Ersten Welt nachzeichnen: Wirtschaftsaktivitäten im wichtigen modernen Produktionssektor steuern und kontrollieren ausländische Produktionsmittelbesitzer, oder sie sind erst durch ausländische Hilfe (Technologie, qualifiziertes Management) möglich; inländische Eliten bedürfen zur Absicherung ihrer Herrschaft politischer und militärischer Unterstützung durch ausländische Mächte usf.. Damit verstärken sich gesellschaftliche Entwicklungen, die bereits in vielen Ländern durch die Kolonisation ausgelöst worden sind und die Situation der Dritten Welt wesentlich bestimmen (Einführung der Geldökonomie, Übergang von der Subsistenz- zur Geld- und Marktwirtschaft, Lohnarbeit in den wirtschaftlichen Zentren u.a.). Ihre Folgewirkungen sind enorm: Zum Beispiel verliert die traditionelle Großfamilie als ökonomische und soziale Einheit an Bedeutung (Verlust von Arbeitskräften auf dem Land, Tendenz zur Monogamie und zur nuklearen Familie in der Stadt), die politische Struktur der traditionellen ethnischen Einheiten ändert sich (Älteste und Chiefs verlieren mehr und mehr die ökonomische Basis ihrer Macht), die traditionellen Agenten der Sozialisation (Sippe, Altersgruppe, „Buschschulen") treten neben anderen zurück (Schule, Kirche, Beruf), die Berufsstruktur wandelt sich (Berufe der Bedarfsdeckungswirtschaft, auch handwerkliche, werden im modernen Sektor durch Lohnarbeit verdrängt) u.a.m..

Diese nur grob skizzierten Veränderungen lassen sich grundsätzlich in gesellschaftliche Entwicklungen einordnen, deren jüngste Tendenzen in der Durchsetzung einer neuen internationalen Arbeitsteilung nicht mehr nur, wie bislang, in unterentwickelten Rohstoffproduzenten und hochentwickelten Industriestaaten, sondern nun auch in der Einbeziehung der industriellen Produktion selbst bestehen. Diese Tendenzen zu beschreiben und zu begründen ist Gegenstand der wichtigen Arbeit von Fröbel/Heinrichs/Kreye 1977; wir gehen darauf ausführlicher ein.

Die technischen Möglichkeiten der Zerlegung des Produktionsprozesses in einer Serie einfacherer Handreichungen (Babbage-Prinzip) schaffen die Voraussetzungen einer internationalen Aufteilung der Gesamtproduktion eines Gutes. Neben dem Austausch (Markt) Rohprodukte gegen Fertigwaren und Kapitalgüter erhält der Markt für arbeitsintensive, montone Teilfertigungen und Produktionsstandorte, die Arbeitskräfte für solche Tätigkeiten bieten, besonderes Gewicht. Damit entsteht in den Ländern der Dritten Welt eine neue Industrie mit neuem Betriebstyp, die Weltmarktfabrik, welche für den Binnenmarkt, besonders aber für den Export in die westlichen Industrienationen produziert. Die spezifischen Merkmale dieser Weltmarktfabrik liegen a) in der Herstellung nur bestimmter Teilprodukte, deren Vorprodukte aus den Industrieländern importiert und deren eigene Zwischenprodukte zur Endfertigung in die Industriegesellschaften reexportiert werden müssen; b) in der Beschäftigung ungelernter oder kurz angelernter Arbeitskräfte (meist Frauen) zu Hungerlöhnen.

Die Folgen dieser neuen Entwicklung sind erst in Anfängen sichtbar: Die Zerlegung des Arbeitsprozesses in einzelne Teilarbeiten erlaubt erstens die Verlagerung der Produktionsabschnitte mit einfachen manuellen Tätigkeiten in sog. Billiglohnländer der Dritten Welt, während jene Teilprozesse in der Herstellung des Produkts, welche höhere Anforderungen an die Fertigung stellen, über größeren Technologieeinsatz mit zwar höher qualifizierten, jedoch zahlenmäßig geringen Arbeitskräften im Inland durchgeführt werden (Rationalisierungsinvestitionen). Die Autoren widerlegen zudem die Annahme, nur multinationale Konzerne bedienten sich dieser Mittel; auch kleine Unternehmen passen sich veränderten Rahmenbedingungen der Kapitalverwertung an und investieren in dieser Form in unterentwickelten Ländern. Als falsch stellt sich darüber hinaus auch heraus, daß in den Ländern der Dritten Welt nur mit alter Technologie produziert würde; dies sei zwar nicht selten der Fall, jedoch richte sich der Technologieeinsatz grundsätzlich nach den Erfordernissen aus der Nutzung dort vorhandener Arbeitskräfte. Das häufig gleichzeitige Vorhandensein kapitalintensiver Produktion im Mutterland wie arbeitsintensiver Herstellung in einem Land der Dritten Welt ermöglicht den Autoren zufolge ein Verlagern der Teilproduktion in Bedarfslagen und sei zudem ein wichtiges Druckmittel in den Händen der Konzernleitung.

Zweitens bringt diese Industrialisierungsart für die armen Länder verschärfte Abhängigkeiten von den Industriegesellschaften: a) Die Lieferung der Vorprodukte wie die Abnahme der in den Weltmarktfabriken hergestellten Zwischenprodukte hängen in vollem Umfang vom Weltmarkt, also vom internationalen Kapital der Industriegesellschaften ab, b) die wirtschaftliche Weltstellung der internationalen Konzerne macht sie auch gegen politischen Druck aus dem Entwicklungsland immun, im Gegenteil können die Konzerne mit der Drohung, zu „liberaleren" Produktionsstandorten wegzuziehen, immer weitere Konzessionen zu ihrem Vorteil erreichen, c) das technisch niedrige Nievau der Produktion wie auch ihr Teilcharakter verhindern zudem „spill over"-Effekte durch Erlernen des „Know how" bzw. durch die breitere Ausbildung von Arbeitskräften. „Bei den letzteren zeigen sich im Gegenteil die verheerendsten Auswirkungen: Die Arbeitslosigkeit wird nämlich nicht gemildert, einmal wegen der hohen Mobilität des Kapitals, das so weltweit und flexibel auf den Arbeitsmarkt reagierend ... eine quasi unerschöpfliche Reservearmee nutzen kann. (Des weiteren) aber kann sie schon deswegen nicht gemildert werden, weil die Nachfrage auf eine ganz spezifische Arbeitskraft beschränkt ist, die durch zwei Kriterien gekennzeichnet werden kann, nach Geschlecht (ganz überwiegend weiblich) und nach Alter (Überwiegen der Altersgruppe von 14 bis 29 Jahren). Durch die rücksichtslose Ausbeutung – Stichworte: 60-Stunden-Woche, kaum Feiertage, minimaler Urlaub, mörderische Arbeitsbedingungen, praktisch keine Möglichkeiten gewerkschaftlicher Betätigung – bleiben anstelle von geschulten, vielseitig einsetzbaren Arbeitskräften Frühinvaliden ohne Versorgungsanspruch zurück sowie Dauerarbeitslose, die schon sehr früh nicht mehr verwendungsfähig sind, weil sie ausgelaugt wurden" (Schiel 1978, S. 10).

Stellen wir abschließend die Frage nach möglichen Lösungen zur Beseitigung der Unterentwicklung in den Ländern der Dritten Welt. Die Verursacher dieser Unterentwicklung, die westlichen Industrienationen selbst, versuchen nach eigenen Angaben über finanziell breiter angelegte Entwicklungshilfen im Rahmen der Entwicklungspolitik günstigere gesamtgesellschaftliche Voraussetzungen für die Länder der Dritten Welt zu schaffen (vgl. die 17 Thesen zur Politik der Zusammenarbeit zwischen der Bundesrepublik und den Entwicklungsländern, Frankfurter Rundschau vom 12.6.1979); diese Politik jedoch erfährt vor allem von den Betroffenen schärfste Kritik, weil sie in erster Linie den Interessen der Gebernationen diene, weitere einseitige Abhängigkeiten der unterentwickelten Länder von den Industrienationen bewirke und für alle Zeiten den Neokolonialismus festzementieren wolle (so der afrikanische Sozialwissenschaftler Kodjo bzw. Tansanias Präsident Nyerere, v. Frankfurter Rundschau vom 6.5.1977 und 26.6.1978).

Andere Lösungswege, meist im scharfen Gegensatz zu den westlichen Modernisierungstheorien und zu den Theorien des „Dritten Wegs" (vgl. Zapf), zeichnen sich in neueren Beiträgen zur Imperialismustheorie (z.B. Amin/ Palloix 1973), in den besonders auf lateinamerikanische Länder bezogenen Theorien der Abhängigkeit (z.B. Senghaas 1974) und in der gerade in jüngster Zeit diskutierten Theorie des nichtkapitalistischen Entwicklungswegs (z.B. Ibrahim/Metze-Mangold 1976) ab. Letztere ist historisch-materialistisch orientiert und beschreibt den nichtkapitalistischen Entwicklungsweg als einen sozial-ökonomischen und politischen Prozeß des allmählichen, in Zwischenstufen sich vollziehenden Übergangs in sozialistische gesellschaftliche Verhältnisse. Grundvoraussetzung dieser Konzeption ist u.a. das Ergreifen der politischen Macht durch demokratische Kräfte, welche den Staat der nationalen Demokratie errichten. Dieser wiederum zielt auf die Aufhebung der wirtschaftlichen Unterentwicklung und der ökonomischen Abhängigkeit vom Imperialismus (vgl. Ibrahim/Metze-Mangold 1976, S. 96 ff.) durch a) eine Agrarreform mit Enteignung des Großgrundbesitzes, gerechte Verteilung des Bodens an die Bauern und allmähliche Konzentration der Produktionsmittel in Formen von Genossenschaften, Staatsgütern oder gemischt-staatlich-genossenschaftlichen Betrieben zum Zwecke der Steigerung landwirtschaftlicher Produktion und Arbeitsproduktivität, b) Industrialisierung mit Inbesitznahme bzw. Kontrolle der vorhandenen und Erschließung der potentiellen Rohstoffquellen, Aufbau spezifischer Zweigstruktur der Industrie und dafür erforderliche Investitionen, ihre zeitliche Planung und ihre Technik, Festlegung der Finanzierungsquellen, Umgestaltung des Außen- und Binnenhandels zur Erweiterung und Erschließung von Absatzmärkten wie die Bestimmung des Verhältnisses von Binnenmarkt und Exportproduktion, aktive Beteiligung der Bevölkerung an der Planung, Durchführung und Nutznießung des Industrialisierungsprozesses und schließlich c) Veränderungen der Außenwirtschaftsbeziehungen durch die Errichtung eines zumindest partiellen Außenhandelsmonopols zur Entwicklung des direkt produktiven staatlichen Sektors.

Daß alle genannten Entwicklungskonzepte in der Diskussion sind, zeigt auch: Gegen Ende des Entkolonialisierungsprozesses und am Beginn der Emanzipationsbewegungen in der Dritten Welt stehen demokratische Lösungen zur Behebung der Unterentwicklung zwar vielfach noch aus, doch sind sie ohne die Partizipation der arbeitenden Bevölkerung an der wirtschaftlichen und politischen Macht undenkbar. Allein auf dieser Grundlage ergeben sich Perspektiven für unabhängige, selbständige Gesellschaften.

Zusammenfassung: Die Geschichte der meisten Länder der Dritten Welt ist Teil der Geschichte der kapitalistischen Industriegesellschaften. Kolonialismus, Imperialismus und gegenwärtige ökonomische Abhängigkeiten haben in der Dritten Welt gesamtgesellschaftliche Situationen heraufbeschworen, die eine Erweiterung des Entwicklungsverständnisses um die Sicherung fundamentaler Grundbedürfnisse, die Schaffung von Arbeitsmöglichkeiten und Herstellung sozialer Gleichheit erfordern. Vor diesem Hintergrund wird die gegenwärtige Lage der armen Länder besonders Afrikas und Asiens unter Berücksichtigung kolonialgeschichtlicher Resultate beleuchtet; das Ergebnis bringt vielfältige sozio-ökonomische Verflechtungen zwischen den Ländern der Ersten und der Dritten Welt hervor, auf Kosten der letzteren. Einige Folgewirkungen wirtschaftlicher, sozialstruktureller, familialer und politischer Art werden benannt, am Beispiel der neuen internationalen Arbeitsteilung tendenziell bekräftigt. Schließlich stellt das Kapitel kontrovers diskutierte Lösungsmöglichkeiten zur Beseitigung der Unterentwicklung vor, besonders anhand der Theorie des nichtkapitalistischen Entwicklungswegs. Sie alle sind zwar theoretisch mehr oder weniger ausgereift, ihre Umsetzung in gesellschaftliche Praxis jedoch gestaltet sich schwierig und läßt sich selbst als Teil des Entwicklungsprozesses der Länder der Dritten Welt begreifen.

5 Zukunft der westlichen Welt und intersystemare Beziehungen

Schach Matt, Karikatur von 1833, nicht signiert. Hier ist in einer Schachpartie der vergebliche Kampf der Julimonarchie gegen die fortschrittlichen Kräfte dargestellt.

Quelle: Unverfehrt, G. (Hrsg.), La Caricature. Bildsatire in Frankreich 1830 – 1835 aus der Sammlung von Kritter. Katalog zur Ausstellung des Westf. Landesmuseums für Kunst und Kunstgeschichte Münster vom 16.3. bis 10.5.1980, Göttingen 1980, S. 189.

Wenn die Welt enge Beziehungen zwischen den Gesellschaftssystemen entwickelt, hat sie eine Zukunft. Dazu werden die fortschrittlichen Kräfte der Reaktion ein unausweichliches Matt anbieten.

Rund 180 Jahre nach Beginn des Industrialisierungsprozesses finden sich die kapitalistische und die von ihre beeinflußte und kontrollierte Dritte Welt in einer äußerst kritischen Lage: Stagnation, Inflation und Währungsdurcheinander, gesellschaftlich nicht beherrschter Stukturwandel in der Wirtschaft (mit den Folgen einer Intensivierung der Arbeit, neuen zusätzlichen Belastungen am Arbeitsplatz und Massenarbeitslosigkeit), akute Energie- und Rohstoffkrisen, skandalöse Umweltverschmutzungen großen Ausmaßes, hochgradig verschwenderische Wegwerfgesellschaft mit zugleich vielfältigen sozialen Ungleichheiten, größte Perfektion in der Vorbereitung zur nuklearen Selbstvernichtung in den westlichen Industrieländern stehen Tod und Elend von Hunderten von Millionen Menschen in den armen Ländern gegenüber. Damit einher geht die Verschärfung der sozialen Konflikte in allen gesellschaftlichen Bereichen (diese Auffassung vertritt in der Bundesrepublik selbst die eher um sozialen Ausgleich bemühte und daher oftmals als „Juniorpartner des Kapitals“ geschmähte Industriegewerkschaft Bau-Steine-Erden in ihrer Zeitschrift „Fundamente“, Heft 3/1979, S. 9), nicht zuletzt sichtbar werdend in den seit den Septemberstreiks 1969 härteren Verteilungskämpfen der westdeutschen Arbeitnehmerorganisationen wie auch in den häufig erfolgreichen Aktivitäten nationaler Befreiungsbewegungen in den Ländern der Dritten Welt. Und die Situation verschlechtert sich in einem Maße, daß der „Club of Rome“, eine weltbekannte internationale Wissenschaftlervereinigung um Aurelio Peccei, auf seiner 11. Jahrestagung im Herbst 1979 zur „Vermenschlichung der menschlichen Gesellschaft“ aufruft, soll die Menschheit nicht in Chaos und Katastrophe versinken, deren soziale Ursachen geschichtlich im wesentlichen auf kapitalverwertungsorientierte Industrialisierungsvorgänge zurückführen. Was verbirgt sich hinter diesem Aufruf zur Vermenschlichung, dem Club zufolge allein durch wissenschaftliches und soziales Lernen in der Nutzung aller bisher unerschlossenen geistigen Fähigkeiten der Menschheit zur Entwicklung aller Aspekte des menschlichen Daseins möglich?

Zunächst einmal wohl die Einsicht in die Unfähigkeit der „Welt“, ihre Probleme mit den gegenwärtig angewandten Lösungsmustern und Lösungsstrukturen zu meistern. Darüber hinaus aber auch die Überzeugung, daß die in der „Welt“ vorhandenen Innovations- und Transformationsfähigkeiten der ökonomischen und politischen Bereiche des Industriesystems zu Anstrengungen in die vorgeschlagene Richtung allemal ausreichen, um einer „glänzenden Zukunft“ als Alternative zum Untergang (so der Club) entgegenzusehen. Nun kann es aber aus historischen Gründen keinen Zweifel daran geben, daß die skizzierten Krisenmomente in erster Linie Folgen kapitalistischer Industrialisierung darstellen; folglich handelt es sich bei den Problemlösungsunvermögen in den jetzigen Lösungsstrukturen auch nicht um einen Mangel der Welt schlechthin, sondern um denjenigen einer vom Kapitalismus nach wie vor – trotz der zunehmenden Bedeutung der sozialistischen Gesellschaften – dominierten Welt. Diese Differenzierung ändert jedoch nichts an der Tatsache, daß bei hochentfalteten Produktivkräften das Problemlösungspotential dieser kapitalistischen Welt die Vorausssetzungen einer „glänzenden Zukunft“ der Menschheit schaffen *könnte,* sofern es im Interesse aller und nicht nur partikularer Gruppen zur Anwendung käme. Denn tiefgreifende wirtschaftliche Krisen und sich verschärfende soziale Konflikte bedeuten keineswegs, daß mit einem baldigen Ende eben dieser Gesellschaftsordnung oder mit einem automatischen Zusammenbruch zu rechnen wäre. „Dieses Gesellschaftssystem verfügt noch über gewaltige Möglichkeiten und Ressourcen, auch im Bereich der Produktivkräfte“ (Kühnl 1976, S. 13).

Vor diesem Hintergrund läßt sich der dramatische Appell des „Club of Rome“ nach grundlegenden Veränderungen in der „Welt“ (Eindämmung der Bevölkerungsexplosion, Beschränkungen ungehemmten industriellen Wachstums zu Lasten der Biosphäre, Konsolidierung der Weltwirtschaft, Senkung der Verteidigungsetats, kontrollierter Fortschritt in Wissenschaft und Technik, Erneuerung politischer Ordnung, Aufbau einer politischen und moralischen Führung) als jüngstes, wenn auch nicht in jeder Hinsicht identisches Ergebnis wissenschaftlicher Arbeiten begreifen, die seit annähernd 40 Jahren unter den Namen „Zukunftsforschung“ oder “Futurulogie“ nach Gestaltungsmöglichkeiten politischer und wirtschaftlicher Prozesse zur Reform und Erhaltung der westlichen Industriegesellschaften suchen (vgl. Peccei 1979).

Einheitliche *Definitionen* dieser Begriffe gibt es nicht; Flechtheim 1966 beispielsweise verwendet sie synonym und schließt alle Bereiche der Prognostik, Planung und Programmierung darin ein, wohingegen Kahn 1975 Zukunftsforschung als zentralen Oberbegriff faßt, während Futurologie eher unsystematische und spekulative Vorstellungen gesellschaftlicher Entwicklung bezeichnet. Auch weichen die Forschungs*gegenstände* teilweise erheblich voneinander ab. Van Steenbergen 1970 unterscheidet zwischen einer „Establishmentfuturologie“ mit Integrationsperspektive und dem Ziel vor allem wirtschaftlich verwertbarer Ergebnisse, vertreten durch Kahn, Steinbuch und private Institutionen wie die „Gesellschaft für Zukunftsfragen e.V.“, und einer „kritischen Futurologie“ mit Konfliktperspektive und dem Ziel demokratischer gesellschaftlicher Veränderungen, vertreten durch Baade, Flechtheim, Jungk, Koch, Krauch, Vilmar und Institutionen wie das May-Planck-Institut zur Erforschung der Lebensbedingungen der wissenschaftlich-technischen Welt in Starnberg. Die Entstehungs*ursachen* der Zukunftsforschung sind komplex, sie liegen u.a. in der Absicht, die ökonomischen und gesellschaftlichen Konsequenzen des wissenschaftlich-technischen Fortschritts durch die Untersuchung zukünftiger technischer, sozialer und politischer Entwicklungen präziser zu bestimmen und in längerfristigen Gesellschaftsprognosen und -programmen aufzunehmen. Ein weiteres Merkmal, nicht zuletzt unter dem Vorzeichen des sich verschärfenden Wettbewerbs zwischen Industriesystemen unterschiedlicher Produktionsweise, stellt der Versuch dar, die auf das Privateigentum an Produktionsmitteln zurückführenden wirtschaftlichen Krisen, sozialen Spannungen und Konflikte frühzeitig zu erkennen und sie möglichst in systemgerechte Verlaufsformen einmünden zu lassen (vgl. Kap. 2), oder, wie beispielsweise das Starnberger Institut in seinen Arbeiten bemüht ist, wissenschaftliche Analysen zur Demokratisierung und Verbesserung der Lebensbedingungen vorzulegen. Die *Schwerpunkte* der Zukunftsforschung konzentrieren sich vornehmlich auf drei Hauptgebiete. Erstens auf Friedensforschung zur Verringerung der Gefahr militärischer Auseinandersetzungen und zur Analyse potentieller gesellschaftlicher Konfliktursachen (die 1970 in der linksliberalen Ära von Brandt, Heinemann und Scheel gegründete „Gesellschaft für Friedens- und Konfliktforschung" demokratischen Zuschnitts stand von Beginn an unter massivem Beschluß konservativer politischer Kräfte; 1979 verweigern einige CDU/CSU-geführte Bundesländer, darunter Bayern, die finanzielle Unterstützung dieser gesamtgesellschaftlichen Institution wegen angeblich „unausgewogener, einseitig linksgerichteter" Tätigkeit). Zweitens auf wirtschaftliche und technologische Fragen zur Sicherung der internationalen Wettbewerbsfähigkeit der westdeutschen Wirtschaft (unter marktwirtschaftlichen Gesichtspunkten, s. den Bericht der Kommission für wirtschaftlichen und sozialen Wandel). Drittens auf Probleme der Arbeit und Bildung, Wohnung und Umwelt, Freizeit und Gesellschaft.

Die Geschichte der Zukunftsforschung/Futurologie trägt Koch, von Steenbergen, Vilmar u.a. zufolge vielfach undemokratische Züge; so hat Koch schon 1968 die Futurologie als eine „sozialtechnische Methode der Generalstrategie plankapitalistischer Krisenverhinderung" kritisiert und ihr vorgeworfen, „ideologische Bestätigung einer neuen Ordnung (zu sein), die den Schleier des Neuen vorzieht, um alles beim alten zu lassen" (1968, S. 2). Nun gilt der Vorwurf in dieser Form wohl kaum für den „Club of Rome", der als internationale Vereinigung auch sozialistische Wissenschaftler (z.B. den Rumänen Malitza) zu seinen Mitgliedern zählt und dessen „Weltfriedenspolitik" im Sinne einer Einflußnahme auf einzelne Regierungen und Weltorganisationen auf der Grundlage eines (früher strikt abgelehnten, jetzt befürworteten) organischen, die Endlichkeit der derzeit bekannten Energie- und Rohstoffe berücksichtigenden Wachstums eine weltweit gerechtere Verteilung des Gesamtsozialprodukts anstrebt (positive Resonanz hat die Arbeit des „Club of Rome" besonders auch bei dem DDR-Wissenschaftler Wolfgang Harich 1975 gefunden). Daß einer „Vermenschlichung der menschlichen Gesellschaft" jedoch industriell-kapitalistische Strukturen letztlich entgegenstehen und auch eine Gestaltung der Zukunft durch soziales Lernen ohne die Überwindung deformierender gesellschaftlicher Kapitalverhältnisse kaum möglich erscheint, wäre deutlicher zu artikulieren, zumal die bei der Arbeitstagung in Arbeitsgruppen diskutierten Themen (z.B. soziale Aspekte des technischen Fortschritts; Mikroelektronik im Sinne einer neuen Dimension des technischen Wandels und der Automation) die kapitalistische Wirklichkeit selbst in den Mittelpunkt der Debatte stellen und von daher Lernstrategien entwickeln.

Die Problemlösungsvorschläge des „Club of Rome" wie auch beispielsweise das SALT II-Abkommen belegen die Notwendigkeit, die gegenwärtige kritische Lage der Menschheit auf der Basis intrasystemarer (Beziehungen der Gesellschaften innerhalb des Kapitalismus und Sozialismus) *und* intersystemarer (Beziehungen zwischen kapitalistischen und sozialistischen Gesellschaften) zu bewältigen. Diese Einsicht kennzeichnet die Mehrzahl der von westlichen Theoretikern erarbeiteten, erheblich voneinander differierenden Zukunftsprojektionen mit teilweise grotesken Merkmalen bislang nicht; wir gehen im folgenden darauf ein.

Die Theorien der Konvergenz unterschiedlicher gesellschaftlicher Systeme zu einer „einheitlichen Industriegesellschaft" (Aron, Galbraith, Rostow u.a.) verbinden mit der Entwicklung von Wissenschaft und Technik in kapitalistischen und sozialistischen Gesellschaften gleiche sozio-ökonomische Folgen und gleiche technologische Prinzipien der gesellschaftlichen Produktion in beiden Gesellschaftstypen. Dieser Sachverhalt führe zu Konsumüberschüssen, zur Freizeitgesellschaft und zum Abbau der ökonomischen Widersprüche zwischen den Klassen. In beiden Gesellschaftsordnungen sei die soziale Struktur schließlich gleich: Einmal gäbe es Personen in abhängigen Arbeitsverhältnissen, geprägt von einer Hierarchie von Positionen. Dabei könne eine Spaltung der Gesellschaft in ausführend Tätige und Entscheidungen Fällende beobachtet werden. Daneben sei eine Unterscheidung in geistig und physisch Tätige festzustellen, mit der Sonderstellung der Intelligenz, welche wegen ihres engen Kontakts mit dem wissenschaftlich-technischen Fortschritt nun die eigentlich führende und vorantreibende Kraft der Gesellschaft sei.

In der Annahme der Verschmelzung von Kapitalismus und Sozialismus zur einheitlichen Industriegesellschaft erscheint der Sozialismus günstigenfalls als Mittel der Beschleunigung des Industrialisierungsprozesses, vor allem aber als Fehltritt der Geschichte, als „Krankheit der Übergangsperiode" (Rostow) im Verlauf des wissenschaftlich-technischen Fortschritts. Diese Sicht vernachlässigt den qualitativen Gegensatz zwischen kapitalistischen und sozialistischen Produktionsverhältnissen (Produktionsmittelbesitz, Arbeitsteilung und Arbeitsorganisation, Planung und Leitung des Produktionsprozesses, Ausbildung der gesellschaftlichen Problemlösungsstrukturen usf.); sie betrachtet Technik allein in ihrer gegenständlichen Form, ohne zu berücksichtigen, daß Technik von Menschen in sozial vermittelten organisatorisch-technischen Strukturen im Rahmen spezifischer Produktionsverhältnisse angewendet wird zu Zwecken und Zielen, die ihrerseits wiederum mit diesen Produktionsverhältnissen in enger Verbindung stehen. Intersystemare Beziehungen dienen unter solchem Aspekt besonders dazu, die „Krankheit der Übergangsperiode" mittels der Entwicklung von Technik im Sinne der einheitlichen Industriegesellschaft zu „heilen", d.h. im Sinne eines „neuen" Sozialsystems mit Ausrichtung auf steigenden Konsum und im wesentlichen unveränderter kapitalistischer Gesellschaftsordnung. Anders formuliert: Nicht der Sozialismus löst den Kapitalismus in der Entwicklung der Menschheit ab, sondern als „mißgestaltetes Kind" der Industrieentwicklung wird er in einer „neuen" Gesellschaft fortentwickelter kapitalistischer Prägung aufgesogen, ins Museum der Menschheitsgeschichte gestellt.

Inzwischen hat die soziale Wirklichkeit diesen Konvergenzansatz obsolet werden lassen; weder gibt es Anzeichen für eine Vereinahmung des Sozialismus durch die Industriegesellschaft schlechthin, noch ist der Abbau der ökonomischen Widersprüche zwischen den Klassen vollzogen. So entsteht denn auch seit Ende der sechziger Jahre eine neue Konzeption, die der „postindustriellen Gesellschaft", welche die Rede von der „einheitlichen Industriegesellschaft" mehr und mehr in den Hintergrund drängt. Die Nachindustriegesellschaft, Zukunftsbild der westlichen Welt und gegen den Sozialismus gerichtet, soll das abschließende Stadium der industriellen Entwicklung charakterisieren, eine „wissenschaftliche Zivilisation", eine „posttechnokratische Gesellschaft", eine „postagrikulturelle Ära" u.ä.m. Diese Zukunftsprojektionen, die von der Innovations- und Transformationsfähigkeit der gegenwärtigen westlichen Gesellschaftsordnung ausgehen, lassen sich grob in technokratische und humanistische Theorien differenzieren.

Zu den technokratischen Theorien zählt die Konstruktion der nachindustriellen Gesellschaft durch Bell 1979. Wichtigstes Kennzeichen dieses durch die Technikentwicklung geschaffenen zukünftigen Gesellschaftssystems sei die zentrale Bedeutung theoretischen Wissens sowie der Übergang von einer güterproduzierenden zu einer Dienstleistungsgesellschaft. Im Verbund mit der „technotronischen Gesellschaft" (Elektronik, Technik, technische Kommunikationsysteme) könne der Mensch sich in jeder Hinsicht in seinen kulturellen, sozialen, psychologischen und ökonomischen Bedürfnissen entfalten, weil nur noch wenige begabte und fähige Spezialisten bei hohem Automations- und Kybernetisierungsgrad der Produktion arbeiten müßten; Muße und Freizeit dagegen sei das Privileg der Massen. Nicht nur im Konsum, sondern auch in der Entwicklung der „sinnlichen" Kultur könne Höchstmögliches erreicht werden (Kahn, Wiener), ebenso werde es ein „Übermaß an Auswahlmöglichkeiten" (Toffler) geben. Soziale Ungleichheit und soziale Konflikte würden überwunden, ja sogar völlig verschwinden, weil günstige wirtschaftliche Lagen und verbesserte Kommunikationsmöglichkeiten konfliktuellen Auseinandersetzungen den Boden entzögen (mit Blick auf die amerikanische Gesellschaft zeigt sich Brzezinski 1968 allerdings weniger optimistisch und gesteht auch zukünftig Konflikte ein, hervorgerufen durch den seiner Meinung nach vorerst nicht zu überwindenden Kontrast zwischen Luxus und Armut). Insgesamt ist Skepsis angebracht: Weder geben die Modelle klare Auskunft beispielsweise zu bestehenden Energie- und Rohstoffproblemen (Kahn verbirgt sich hinter leeren Spekulationen, wenn er darauf verweist, niemand wisse, was die Erde enthalte oder was sie erzeugen können oder für welche neuen Zwecke neue oder alte Materialien verwendet werden könnten, vgl. ZEIT magazin vom 3.12.1976), noch zielen sie auf eine Veränderung der ökonomischen Verhältnisse (Eigentumsfrage), wenn die Transformation der jetzigen Gesellschaft allein durch Wissen und Wissenschaft geschehen soll. Hier bahnt sich stattdessen eine neutral und unpersönlich scheinende Technostruktur an, eine Macht der Spezialisten (Elite), gestützt auf unverändert gebliebene kapitalistisch-marktwirtschaftliche Bedingungen (in diesem Sinne ist auch Kahns These zu verstehen, das 21. Jahrhundert werde das „japanische Jahrhundert" sein).

Die anderen, humanistischen Theorien umfassen so unterschiedliche Wissenschaftler wie Marcuse, Mumford oder Fromm. Während Marcuse in seinen unzähligen Publikationen die moderne Technik selbst für die vorherrschende Situation in den westlichen Industrienationen verantwortlich macht und deshalb die Forderung nach qualitativen Veränderungen der technischen Grundlagen und der Richtung des technischen Fortschritts erhebt, beargwöhnt Mumford (besonders in seiner Schrift „Mythos der Maschine" 1977) den gesamten technischen Fortschritt und sieht Zukunftschancen der Menschen nur, wenn sie den „Mythos der Megamaschine" abschütteln und ihre eigenen Persönlichkeiten zum Ausgangspunkt „neuer Wirkungen", die unbestimmt bleiben, machen. Auch Fromm 1968 knüpft an die Persönlichkeit des Menschen große Erwartungen, der in einer zukünftigen technotronischen Welt die Aufgabe ihrer Humanisierung zufalle. Dazu zählt Fromm jedoch auch die gewaltlose Vermenschlichung der Planung und Leitung, des Konsums und Wertssystems der Zukunftsgesellschaft. Indes belegen gegenwärtige Erfahrungen gerade mit dem Humanisierungsprogramm der Bundesregierung, daß eine Realisierung dieser Absichten offenbar schnell auf den Widerstand der Unternehmer stoßen, sofern sie ihre Vorstellungen (Humanisierung als Rationalisierung) beeinträchtigt sehen. In einer technotronischen Welt aber werden grundlegende wirtschaftliche Verhältnisse den jetzigen gleichen oder sogar mit ihnen identisch sein; Fromms Zukunftperspektiven, humanistisch und demokratisch bestimmt, laufen Gefahr, auf erhebliche Verwirklichungsschwierigkeiten zu stoßen.

Was also ist der Ertrag der Zukunftsforschung? Wie sieht die Zukunft der westlichen Welt aus? Offensichtlich gibt es darauf im Augenblick keine überzeugenden Antworten. Die Überlegungen bleiben Flickwerk, zumal sie Realistisches mit Spekulativem und Ideologischem vermengen, für derzeitig brennende Probleme kaum Lösungen anbieten und zumindest in einigen Entwürfen von ökonomischen und politischen Prämissen ausgehen, deren Problematik wiederum eigentlich selbst Ursache und Anlaß dieser gesellschaftsperspektivischen Konzeptionen sind. Daß sozialistische Entwicklungsaspekte in diesen Projektionen aus spezifischen politischen Erwägungen kaum Platz finden, liegt auf der Hand, daß aber die Zukunft der Dritten Welt ebensowenig oder nur in unzulänglich begründeten Zusammenhängen Gegenstand der Forschung ist, macht nachdenklich (Kahn behauptet, die totale Armut werde weltweit im nächsten Jahrhundert verschwinden – selbst wenn man das frühestmögliche Jahr 2000 annimmt, setzt sich Kahn kühn über noch mindestens 2 Milliarden Hungertote hinweg; außerdem würden sowohl die Reichen als auch die Armen reicher werden, allerdings würden auch weiterhin einige reicher sein als andere, vgl. ZEIT magazin vom 3.12.1976, S. 6). Denn wie die Dinge gegenwärtig liegen, gibt es eine Zukunft der westlichen Gesellschaft wahrscheinlich nur im Kontakt mit sozialistischen Staaten der Ersten und Dritten Welt, eingedenk der von namhaften Historikern vertretenen Überzeugung, daß seit dem Ende des 19. Jahrhunderts „der Kapitalismus als Gesellschaftsformation welthistorisch im Niedergang begriffen (ist). Dies ist eine historische Tatsache und hat als solche noch nichts mit der Frage zu tun, ob man diese Entwicklung für wünschenswert hält oder nicht" (Kühnl 1976, S. 13). Darüber hinaus erfordern die bestehenden Probleme der Menschheit intersystemare Beziehungen, die nicht Dominanzinteressen, Durchsetzungschancen des kapitalistischen oder sozialistischen Systems in den Vordergrund stellen, sondern die Erprobung und Umsetzung der umfassendsten, bestmöglichen und sachgerechten, den Bedürfnissen aller Menschen am nächsten kommenden Problemlösungen (vgl. Tjaden/Krysmanski 1976, S. 29). Beziehungen zwischen allen Nationen und Gesellschaftssystemen der Welt nehmen auf dieser Basis die jeweils andere Seite konkret-historisch ernst und prüfen das jeweilig vorhandene tatsächliche Problemlösungspotential ohne ideologische und strategische Voreingenommenheit und Verzerrungen (ebenda). Auf diese Weise könnte die „Vermenschlichung der menschlichen Gesellschaft“ Wirklichkeit und eine „glänzende Zukunft“ der Menschheit realistisch werden.

Zusammenfassung: Die Zukunft der westlichen Welt ist seit fast vierzig Jahren Gegenstand wissenschaftlicher Forschung, im wesentlichen hervorgegangen aus dem Interesse an Krisenprophylaxe sowie aus der Absicht, Folgen des wissenschaftlich-technischen Fortschritts durch die Analyse der Entwicklungen auf unterschiedlichen gesellschaftlichen Ebenen zu bestimmen und in Gesellschaftsprognosen und -programme einfließen zu lassen. Schon eine lediglich grobe Skizzierung der Zukunftsforschungstheorien (Konvergenz/einheitliche Industriegesellschaft, technokratische und humanistische Konzeptionen) mit alternativen Ansprüchen zum Sozialismus zeigt die Gestaltungsprobleme eines Zukunftsbildes, erst recht eines einheitlichen und stringenten. Angesichts ungelöster Fragen der Gegenwart liegt die Zukunft der Menschheit in entwickelten Beziehungen zwischen allen Nationen und allen Systemen unter Ausschöpfung und Erweiterung aller vorhandenen Problemlösungspotentiale.

6 Zusammenfassung der Hauptergebnisse

Der große Sprung. Holzschnitt von A. Tuccarro, Paris 1599

Quelle: Marschiess-van Trick, J. und Nowak, B. (Hrsg.), Plakate. Zürich/Freiburg (Brsg.) 1975.

In der Beschäftigung mit dem Verhältnis von Gesellschaft und Entwicklung steht der 'große Sprung' noch aus. Dazu bedarf es weiterer theoretischer und praktischer Arbeit, auf der Basis interdisziplinärer Kooperation, jenseits aller einzeldisziplinären 'Blindheit'.

1. Auf dem gegenwärtigen theoretischen Stand der Soziologie gibt es keine zureichende und vollauf befriedigende Antwort auf die Frage, was denn Gesellschaft vorantreibe; denn das für eine Veränderungs- und Entwicklungstheorie zentrale Verhältnis von normativen Bedingungen und materiellen Faktoren, von Handlungen zu Strukturen ist weitgehend ungeklärt.

2. In der Auseinandersetzung mit den Theorien des sozialen Wandels und alternativen Konzeptionen zeichnet sich jedoch der mögliche Lösungsweg ab: Wandel, Veränderung und Entwicklung sind in einer historisch-gesellschaftlichen, die materielle Tätigkeit der Menschen betonenden Perspektive zu untersuchen.

3. Die hier entfalteten Überlegungen bewegen sich in diese Richtung, wenn auch vorsichtig und tastend, weil die Kernprobleme einer Entwicklungstheorie wohl nur auf der Grundlage eines geplanten und rationalen Zusammenarbeitens aller entwicklungsrelevanten Wissenschaften, also interdisziplinär, gelöst werden können. In der Absicht, Handlungs- wie Strukturzusammenhänge möglichst umfassend zu beachten, wird ein begrifflicher und theoretischer Bezugsrahmen zur Analyse von Veränderungen gesellschaftlicher Wirklichkeit erarbeitet, in welchem die Kategorien der Arbeit, des Problemlösungsprozesses, des sozialen Konflikts, der Problemlösungsstrukturen und des Systems der materiellen gesellschaftlichen Produktion zentral sind, in Verbindung mit konkret-historischen Gesellschaftsverhältnissen. Dieser Bezugsrahmen, zweifellos kritikwürdig und ergänzungsbedürftig, stellt den Leitfaden für die Untersuchung der gesellschaftlichen Entwicklung und des sozialen Wandels vor dem Hintergrund veränderter technischer und ökonomischer Bedingungen dar, mit folgenden Resultaten:

4. Wissenschaftlich-technischer Fortschritt und ökonomische Entwicklung nach der Industriellen Revolution führen keinesfalls zwangsläufig auch zu sozialen Fortschritten, sofern diese nicht a priori Bestandteil einer an günstigeren Verwertungsbedingungen ausgerichteten Gesamtstrategie sind. In aller Regel sind sie das Ergebnis aus latenten und manifesten Herrschaftskonflikten, die in der Gegenwart besonders in der existenziellen Bedrohung der Menschheit durch die Vernichtungspotentiale, den Nord-Süd-Konflikt ein-

schließlich des Problems der Übervölkerung und durch die weltweiten Gefahren einer globalen ökologischen Katastrophe zum Ausdruck kommen. Die Lösung dieser drei großen Menschheitsprobleme bedarf tiefgreifender struktureller Veränderungen in den westlichen Industrienationen wie in einigen Ländern der Dritten Welt; erst unter solchem Vorzeichen führt technischer Fortschritt zu ökonomischem *und* sozialem Fortschritt.

5. Der Produktionsbereich, Zentrum der Gesellschaft und damit auch Zentrum einer Entwicklungssoziologie, unterliegt seit Beginn der Industrialisierung Veränderungen und Umwälzungen, deren „Dramatik" so spröde Begriffe wie Maschinentechnologie, fabrikmäßige Produktion, Arbeitsteilung u.a. kaum vermitteln können. Der systematischen Behandlung dieser Prozesse dienen zwei Fragestellungen: Wie verändert sich die Industriearbeit unter dem Einfluß technischer und ökonomischer Entwicklungen? (Veränderungen in der Produktionstechnik und ihre Auswirkungen auf Arbeitsorganisation, Arbeitsbedingungen u.a.) und: Wie wandeln sich Sozialkonflikte und Problemlösungsprozesse aufgrund von Strukturveränderungen technischer und ökonomischer Art? (Konflikte auf betrieblicher und gesellschaftlicher Ebene, jeweils vermittelt über spezifische Verbände, Organisationen und Interessenvertretungen, um Gegenstände wie Arbeitsintensivierung, Verschleiß der Arbeitskraft, Lohnfragen, Humanisierung der Arbeitsbedingungen, Veränderung des Arbeiter- und Angestelltenbewußtseins u.a.) Diese Themenschwerpunkte und Forschungsgegenstände sind für die industriesoziologische Forschung etwa seit Mitte der 60er Jahre erneut zentral; ihre ausführlichere Diskussion, ohne jedoch auf jeden einzelnen Punkt eingehen zu können, erfordert zunächst eine Analyse der Rationalisierung gesellschaftlicher Arbeit unter den Bedingungen privatwirtschaftlich organisierter Industriegesellschaften.

5.1 Rationalisierungsprozesse umfassen zwei Ebenen, die technische Rationalisierung im Sinne einer Steigerung der Arbeitsproduktivität durch technischen Fortschritt und die arbeitsorganisatorische Rationalisierung als Steigerung der Arbeitsproduktivität durch organisatorischen Fortschritt. Rationalisierungsvorgänge beziehen sich auf die menschliche Arbeitskraft, die Arbeitsmittel (Werkzeuge, Maschinen, technische Anlagen etc.), die Arbeitsgegenstände (Rohstoffe, Halbfertigteile, Fertigteile etc.) und auf deren Kombinations- und Einsatzformen innerhalb der Arbeitsabläufe. Aktuelle Tendenzen der Rationalisierung am Beispiel der Metallindustrie zeigen sich in der verstärkten Mechanisierung und Effektivierung vorhandener Einrichtungen (Fertigungsbereich und zunehmend stärker Bereiche wie Materialvorbereitung, -bereitstellung, Inspektion, Instandhaltung usf., mit entsprechenden arbeitsorganisatorischen Veränderungen), in der Fortentwicklung von elektronischen Bauelementen (integrierte Halbleiterschaltungen, Einsatz von Industrierobotern), in speziellen Rationalisierungsverfahren in der Kleinserienfertigung und schließlich in Maßnahmen zur Kosteneinsparung, vor allem in der Form des Personalabbaus und durch verändertes Investitionsverhalten. Insgesamt betrachtet zielt Rationalisierung im kapitalistischen System auf eine Erhöhung der Arbeitsproduktivität zur Steigerung der Gewinne; die Bedürfnisse der Arbeitnehmer spielen dabei offensichtlich eine untergeordnete Rolle.

5.2 Der Wandel der Industriearbeit im Verlauf der technischen Entwicklung vollzieht sich nicht in der Weise, wie es die Theoretiker (Blauner, Bright, Mallet, Touraine) des „Drei-Phasen-Schemas" (handwerklich geprägte Industrie, industrielle Massenfertigung mit Maschinen- und Fließbandproduktion, automatisierte Produktion) postulieren. Neuere Arbeiten belegen, daß technischer Fortschritt nicht automatisch zu einer allgemeineren Verbesserung der Arbeitsformen und Arbeitsbedingungen, verbunden mit höherer Qualifikation und höheren Dispositionsspielräumen, führen. Stattdessen ist eine differenziertere Betrachtung notwendig, die neben restriktiven Arbeitsformen und hoch belastenden Tätigkeiten auch qualifizierte und je individuelle Spielräume vermehrende Tätigkeitsgruppen ausfindig macht. Neben dem Arbeitsprozeß als einen Teil des Produktionsprozesses läßt sich auch das Verwertungsinteresse des Kapitals in der technisch-organisatorischen Rationalisierung und deren Entwicklungsrichtung aufzeigen: In automatisierten Produktionsverfahren gewährleisten nur unterschiedliche Arbeitsorganisationen in der Anfahr- und Vollbetriebsphase das an Rentabilitätsprinzipien ausgerichtete Unternehmensinteresse eines kontinuierlichen Betriebs der Produktionsanlage und der Kostengünstigkeit: In der Anfahrphase mit großer Störanfälligkeit prägen hohe Personalbesetzung und strenge Arbeitsteilung die Arbeitsorganisation. In der Phase des Vollbetriebs wird durch arbeitsorganisatorische Rationalisierungsmaßnahmen Personal abgebaut, mit der Folge steigender Arbeitsintensivierung und der Ersetzung strenger Arbeitsteilung durch flexiblere Arbeitsorganisation, die dennoch restriktive Arbeitsarten in Form hoher Spezialisierung sowie Qualifikations- und Belastungsunterschiede in der Arbeit nach sich ziehen. Diesen Veränderungen der Arbeit in der unmittelbaren Produktion entspricht vielfach der Wandel der Büroarbeit im industriellen Bereich. Die historische Entwicklung des industriellen Büros, vom Fabrikkontor zum Vorzimmerbüro und Großbüro befreit in der Regel ebenfalls nicht von restriktiven Arbeiten, Verkümmerungen des geistigen Arbeitsvermögens, Lärmbelastungen, geringen Aufstiegsmöglichkeiten usf. Die Technisierung der Büroarbeit (von einfachen Schreib-, Rechen- und Vervielfältigungsmaschinen über Büromaschinen wie Lochkarten- und Hollerithmaschinen zur automatischen und elektronischen Datenverarbeitung) bewirkt Veränderungen in den

Arbeitstätigkeiten (von hochqualifizierten und interessanten Leitungs- und Kontrolltätigkeiten auf der Managementebene bis zu niedrig qualifizierten und monotonen Tätigkeiten des gelegentlichen Regulierens und Bedienens der Instrumente an automatischen Bürosystemen) differierenden Qualifikations- und Belastungsgrads, im wesentlichen hervorgerufen durch Rationalisierung zur Steigerung der Arbeitsproduktivität und zur Senkung des Personalkostenanteils im Gesamtbetrieb.

5.3 Mit Blick auf Qualifikation, Belastung und Entlohnungssystem führt die Geschichte der Industriearbeit in der Produktion wie im Büro trotz hochentwickelter Produktivkräfte und damit immens gestiegener Problemlösungsmöglichkeiten nicht selbstverständlich zu menschenwürdigeren Arbeitsbedingungen. Bis heute schlagen tayloristische, Profitinteressen dienende Arbeitsgestaltungsprinzipien im Industriebetrieb voll durch. Die zur Humanisierung der Arbeit entwickelten Modelle und Vorschläge (besonders die Formen einer Neuorganisation der Arbeit wie job rotation, job enlargement, job enrichment und teilautonome Arbeitsgruppen) ziehen durchaus positive Wirkungen nach sich, überwinden aber die im System der materiellen Produktion liegenden Ursachen im Prinzip nicht. Dennoch stellen sie einen wesentlichen gesellschaftlichen Fortschritt dar, jedoch mit der Aufgabe, sie in den Betrieben auszubauen und auf dem Weg zur Industriedemokratie einzusetzen.

6. Gesellschaftliche Produktionsverhältnisse sind in der Geschichte der Menschheit durch je spezifische soziale Merkmale charakterisiert, für deren Analyse die Kategorie der Sozialstruktur Bedeutung hat, angewandt auf Mikroprozesse sozialen Handelns wie auf die Makroebene sozialer Gebilde, Institutionen und Organisationen. Auf Schichtung und Mobilität sowie Familie konzentriert, ergibt die sozialstrukturelle Analyse:

6.1 Der herrschenden Auffassung von den westlichen Industriegesellschaften als Schichtungsgesellschaften stehen empirisch belegbare Tatbestände entgegen, die diese Sicht kaum stützen. Am Beispiel der Bundesrepublik zeigt sich, daß weder die tatsächliche Einkommens- und Vermögensverteilung noch die verkale Mobilität (soziale Auf- und Abstiegsprozesse) die These von der „offenen Mittelschichtgesellschaft" erhärten.

6.2 Auch die Familien geraten in den Sog des Industrialisierungsprozesses mit einschneidenden Veränderungen. Sie kennzeichnen u.a. die sich herausbildende Trennung von Lebens- und Arbeitswelt, die Entwicklung zur Kleinfamilie mit gewandelten Funktionen und ungleichen Herrschafts-, Sozial- und Rechtsverhältnissen, mit rigider, durch die Weitergabe der Frauen- und Männerrolle in der Kindererziehung stets reproduzierter Rollenverteilung. Der Gewalt kapitalistischer Arbeitswelt entspricht jene reale physische und psychische Gewalt, die auch heute noch in vielen Familien aller Klassen und Schichten vorzufinden ist. Prügel, Liebesentzug, fehlende Zuwendung, Geborgenheit und Nestwärme legen dafür (bei allen notwendigen Differenzierungen in Familien mit unterschiedlicher materieller Sicherheit) ebenso Zeugnis ab wie wachsende Zahlen von Frauen- und Kindesmißhandlungen. Erst allmählich beginnen eingespielte Rollenmuster aufzuweichen, zudem schaffen gesetzliche Regelungen die materiellen und rechtlichen Voraussetzungen für weniger gewaltsame Familiensituationen.

7. Gesellschaftliche Wertsysteme sind das Ergebnis wechselseitiger Abhängigkeits- und Beeinflussungsverhältnisse ökonomischer und politischer Strukturen sowie subjektiver Handlungen und Verhaltensweisen. In den westlichen Industriegesellschaften herrschen deutlich auf wirtschaftliche Erfordernisse zugeschnittene Wertvorstellungen vor; zentrale Grundwerte sind Arbeit, Leistung, jeweils aus egoistischen, der privaten Kapital- und Güteranhäufung dienenden Gründen, Wachstum um jeden Preis, Pflichterfüllung, Gehorsam usf. Vermittler dieser Werte und Normen ist die Kleinfamilie; vor allem im Prozeß der frühkindlichen Sozialisation vollzieht sich die allmähliche „Zurechtstutzung“ des Kindes auf gesellschaftlich Erfordertes und Genehmes, wenn auch nicht in allen Familien in gleicher Weise und mit gleichen subjektiven Entfremdungen. Die ökonomische Beherrschung des Wertsystems verliert jedoch seit einigen Jahren in wesentlichen Bereichen wie Familie, Ehe und Sexualität an Boden, aber auch im politischen Bereich, wie das Beispiel der Wahl der „Grünen“ in das Bremer Landesparlament jüngst beweist. Hier kommen offensichtlich auch von der subjektiven Handlungsebene eingeleitete und organisierte Prozesse zum Zug. Die Bundesrepublik, so unsere These, charakterisiert ein ambivalentes System der Wertvorstellungen. Zwar sind nach wie vor wirtschaftlich gewinnbringende Gesichtspunkte dominant, doch verursacht die soziale Destruktivität kapitalistisch bestimmter Werte und Normen Gegenbewegungen auch im Wertsystem, mit erwartbaren Konflikten und möglichen grundlegenden Wandlungen.

8. Industrielle Entwicklung in den westlichen Staaten prägen die Sozialbeziehungen der Menschen untereinander am Arbeitsplatz wie in ihrer arbeitsfreien Zeit entscheidend: In den Tendenz defomieren die gesellschaftlichen Verhältnisse die Menschen in ihrer Arbeits- und Lebenssituation, entfremden sie von ihrer Arbeit und ihren Bedürfnissen, verursachen Gleichgültigkeit, Kontaktunfähigkeit, fördern Mißtrauen. Der Tauschwert bestimmt, bewußt oder unbewußt, das Verhalten; die Persönlichkeit des Menschen läuft Gefahr, als Ware gehandelt zu werden, mit dem Ziel, bestimmte Gegenwerte zu erhalten. Die Interaktionen zwischen den Individuen nehmen tendenziell den

Charakter von „Wegwerfbeziehungen" (Pohrt/Schwarz) an, häufig nach einmaligem Gebrauch wertlos.

9. Die Geschichte der meisten Länder der Dritten Welt ist Teil der Geschichte der kapitalistischen Industrienationen. Kolonialismus, Imperialismus und gegenwärtige ökonomische Abhängigkeiten in der Dritten Welt erfordern die Erweiterung des Entwicklungsbegriffs um die Sicherung fundamentaler Grundbedürfnisse, die Schaffung von Arbeitsmöglichkeiten, die Herstellung sozialer Gleichheit. Auf dieser Grundlage lassen sich vielfältige sozio-ökonomische Verflechtungen zwischen den Ländern der Ersten und der Dritten Welt ausmachen, auf Kosten der letzteren. Wirtschaftliche, sozialstrukturelle, familiale und politische Folgewirkungen, zumal im Rahmen der neuen internationalen Arbeitsteilung, verstricken die Dritte Welt in noch tiefere Abhängigkeit, erhöhen in der Tendenz Elend, Not und Armut fast der gesamten Bevölkerung. Lösungen zur Beseitigung der Unterentwicklung liegen als theoretische Arbeiten zwar vor, ihre Umsetzung jedoch geht meist nur mit der Zurückdrängung kapitalistischer Interessen vonstatten und stößt auf massive Widerstände. Dennoch sind Emanzipationsbewegungen in der Dritten Welt nicht zu unterdrücken, wie jüngste Entwicklungen in Afrika, Asien und Lateinamerika beweisen.

10. Westliche Zukunftsforschung und Futurologie entstehen aus dem Interesse an Krisenprophylaxe und aus der Absicht, die Auswirkungen des wissenschaftlich-technischen Fortschritt durch eine Analyse der Entwicklungen auf verschiedenen gesellschaftlichen Ebenen zu bestimmen und in Gesellschaftsprognosen und -programmen aufzunehmen. Ein überzeugendes Zukunftsbild jedoch liegt bislang nicht vor. Demgegenüber wird hier die These vertreten, daß die Zukunft der Menschheit in entwickelten intersystemaren Beziehungen liegt, zur Ausschöpfung aller vorhandenen Problemlösungspotentiale.

Literaturverzeichnis

Das nach Kapiteln geordnete Literaturverzeichnis will nicht Vollständigkeit vorspiegeln; es zählt aber die zitierten und benutzten Titel auf. Die mit einem* versehenen Titel eignen sich nach Meinung des Verfassers ganz besonders als weiterführende Lektüre, diese Empfehlung wird unabhängig vom Schwierigkeitsgrad gegeben.

Kapitel 1

Matthes, J. (Hg.): Sozialer Wandel in Westeuropa. Verhandlungen des 19. Deutschen Soziologentages Berlin 1979, Frankfurt/M. 1979.

Kapitel 2

Almond, G.A.: Politische Systeme und politischer Wandel, in: Zapf, W. (Hrsg.): Theorien des sozialen Wandels, Köln 1969, S. 211-227.

Aron, R.: Modernisierung, Reaktion und die Rolle der Armee, in: Zapf, W. (Hrsg.), a.a.O., S. 441-453.

Baran, P.A.: The Political Economy of Growth, New York 1957.

Bendix, R.: Modernisierung und soziale Ungleichheit, in: Fischer, W. (Hrsg.): Wirtschafts- und sozialgeschichtliche Probleme der frühen Industrialisierung, Berlin 1968, S. 179-246.

Bendix, R.: Die vergleichende Analyse historischer Wandlungen, in: Zapf, W. (Hrsg)., a.a.O., S. 177-187.

*Berger, J.: Handlung und Struktur in der soziologischen Theorie, in: Das Argument 19 (1977), S. 56-66.

Bettelheim, Ch. u.a.: Der Aufbau des Sozialismus in China, München 1969.

Boskoff, A.: Social Change, in: Becker, H./Boshoff, A. (Hrsg.): Modern Sociological Theory in Continuity and Change, Chicago 1957, S. 260-302.

Brandt, G.: Industrialisierung, Modernisierung, gesellschaftliche Entwicklung, in: Zeitschrift für Soziologie 1 (1972, S. 5-14).

Cadwallader, M.L.: Die kybernetische Analyse des Wandels, in: Zapf, W. (Hrsg.), a.a.O., S. 141-146.

Clausen, L.: Tausch. Entwürfe zu einer soziologischen Theorie, München 1978.

Dahrendorf, R.: Zu einer Theorie des sozialen Konflikts, in: Zapf, W. (Hrsg.), a.a.O., S. 108-123.

Deutsch, K.W.: Soziale Mobilisierung und politische Entwicklung, in: Zapf, W. (Hrsg.), a.a.O., S. 329-350.

*Dreitzel, H.P.(Hrsg.): Sozialer Wandel, Neuwied/Berlin 1967.

*Eder, K.: Die Entstehung staatlich organisierter Gesellschaften, Frankfurt/M. 1976.

Eisenstadt, S.M.: Modernization: Protest and Change, Englewood Cliffs 1966.

Eisenstadt, S.M.: Sozialer Wandel, Differenzierung und Evolution, in: Zapf, W. (Hrsg.), a.a.O., S. 75-91.

Engels, F.: Brief an Joseph Bloch vom 21. September 1890, in: Marx, K./Engels, F. Werke, Band 27, Berlin 1967, S. 462-465.

Etzioni, A.: The active Society, New York 1968, Einleitung abgedruckt in: Zapf, W. (Hrsg.), a.a.O., S. 147-176.
*Funk-Kolleg: Sozialer Wandel, Band 1 und 2, Frankfurt/M. 1975.
Habermas, J.: Technik und Wissenschaft als „Ideologie", Frankfurt/M. 1968.
Habermas, J./Luhmann, N.: Theorie der Gesellschaft oder Sozialtechnologie – Was leistet die Systemforschung? Frankfurt/M. 1971.
Hagen, E.E.: On the Theory of social Change, London 1964.
Hagen, E.E.: Traditionalismus, Statusverlust, Innovation, in: Zapf, W. (Hrsg.), a.a.O., S. 351-361.
Hahn, M./Sandkühler, H.J. (Hrsg.): Subjekt der Geschichte, Köln 1980.
Heintz, P.: Sozialer Wandel, in: Fischer Lexikon Soziologie, Frankfurt/M. 1958.
Hörning, K.H.: Gesellschaftliche Entwicklung und soziale Schichtung, München 1976.
*Hofmann, W.: Grundelemente der Wirtschaftsgesellschaft, Reinbek bei Hamburg 1969.
Hoselitz, B.F.: Sozialer Wandel in unterentwickelten Ländern, in: König, R. (Hrsg.): Handbuch der empirsichen Sozialforschung, Band 8, Stuttgart [2]1977, S. 263-328.
Jäger, W.: Katastrophe und Gesellschaft. Grundlegungen und Kritik von Modellen der Katastrophensoziologie, Darmstadt und Neuwied 1977.
Kaplan, M.A.: Transformationsregeln internationaler Systeme, in: Zapf, W. (Hrsg.), a.a.O., S. 500-504.
*Kommission für wirtschaftlichen und sozialen Wandel: Wirtschaftlicher und sozialer Wandel in der Bundesrepublik Deutschland (Gutachten), Göttingen 1977.
*Krysmanski, H.J.: Soziologie des Konflikts, Reinbek bei Hamburg 1971 ([2]1977).
*Krysmanski, H.J./Tjaden, K.H.: Einführung in die historisch-materialistische Theorie der gesellschaftlichen Entwicklung, Münster 1976 (Schriften zur Münsteraner Soziologie), abgedruckt in: Strasser, H./Randall, S.C.: Einführung in die Theorien des sozialen Wandels, Darmstadt und Neuwied 1979.
Lerner, D.: Die Modernisierung des Lebensstils: Eine Theorie, in: Zapf, W. (Hrsg.), a.a.O., S. 362-381.
Levy, M.J.: Modernization and the Structure of Societies, Princeton, N.J./USA 1969.
Lindner, C.J.: Theorie der Revolution, München 1972.
Lockwood, D.: Soziale Integration und Systemintegration, in: Zapf, W. (Hrsg.), a.a.O., S. 124-137.
Luhmann, N. (siehe Habermas, J./Luhmann, N., a.a.O.)
Mandel, E.: Der Spätkapitalismus, Frankfurt/M. 1972.
McClelland, D.C.: The achieving Society, Princeton, N.J./USA 1961 (deutsch: Die Leistungsgesellschaft, Stuttgart 1966).
*Moore, B.: Soziale Ursprünge von Diktatur und Demokratie, Frankfurt/M. 1969 (aufgenommen in: Strasser, H./Randall, S.C.: Einführung in die Theorie des sozialen Wandels, Darmstadt und Neuwied 1979).
Moore, W.E.: Strukturwandel in der Gesellschaft, München 1967.
Neuloh, O.: Arbeits- und Berufssoziologie, Berlin/New York 1973.
Niehoff, A. (Hrsg.): A Casebook of social Change, Chicago 1966.
Ogburn, W.F.: Social Change, New York 1922.
Parsons, T.C. u.a. (Hrsg.): Theories of Society, 2 Bände, New York 1961.
Parsons, T.C.: Evolutionary Universals in Society, in: American Sociological Review 29 (1964), S. 339-357.
Parsons. T.C.: Evolutionäre Universalien der Gesellschaft, in: Zapf, W. (Hrsg.), a.a.O., S. 55-74.
Prince, S.H.: Catastrophe and Social Change, New York 1920.
Robinson, J.: Anmerkungen zur Theorie der wirtschaftlichen Entwicklung, in: Zapf, W. (Hrsg), a.a.O., S. 228-252.
Rostow, W.W.: Die Phase des Take-Off, in: Zapf, W. (Hrsg.), a.a.O., 286-311.
Rüschemeyer, D.: Partielle Modernisierung, in: Zapf, W. (Hrsg.), a.a.O., S. 382-396.
*Schäfers, B.: Sozialstruktur und Wandel der Bundesrepublik Deutschland, Stuttgart 1976.

Smelser, N.J.: Social Change in the Industrial Revolution, London [2]1967.
Smelser, N.J.: Theorie des kollektiven Verhaltens, Köln 1972.
Sonderheft 13: Aspekte der Entwicklungssoziologie, Kölner Zeitschrift für Soziologie und Sozialpsychologie, Köln 1969.
*Strasser, H./Randall, S.C.: Einführung in die Theorien des sozialen Wandels, Darmstadt und Neuwied 1979.
*Sweezy, P.M.: Theorie der kapitalistischen Entwicklung, Frankfurt/M. 1970.
Tjaden, K.H.: Soziales System und sozialer Wandel, Stuttgart 1972.
Tjaden, K.H.: Naturevolution, Gesellschaftsformation, Weltgeschichte. Überlegungen zu einer gesellschaftswissenschaftlichen Entwicklungstheorie, in: Das Argument 19 (1977), S. 8-55.
de Vries, E.: Man in rapid social Change, Grden City, N.Y. 1961.
*Zapf, W. (Hrsg.): Theorien des sozialen Wandels, Köln/Berlin 1969.
Zollschan, G.K./Hirsch, W. (Hrsg.): Explorations in social Change, London 1964.

Kapitel 3
Burrichter, C.: Systemwettstreit und Systemvergleich, in: Deutschland Archiv 11 (1973), S. 819-822.
Coser, L.A.: Theorie sozialer Konflikte, Darmstadt und Neuwied 1965.
Dahrendorf, R.: Zu einer Theorie des sozialen Konflikts, in: Zapf, W. (Hrsg.), a.a.O., S. 108-123.
*Eder, K.: Die Entstehung staatlich organisierter Gesellschaften, Frankfurt/M. 1976.
*Holzer, H.: Geschichte oder Evolution? , Köln 1978.
Holzer, H.: Zur aktuellen evolutionssoziologischen Diskussion in der BRD, in: Herkommer, S. u.a.: Soziologie und Praxis, Köln 1979, S. 185-198.
Jäger, W.: Katastrophe und Gesellschaft, Darmstadt und Neuwied 1977.
Jäger, W.: Natur-Technik-Katastrophe. Grundprobleme einer Katastrophen- und Unfallsoziologie in der BRD, in: Informationen der Arbeitsgemeinschaft für interdisziplinäre angewandte Sozialforschung (AIAS-Informationen), Heft 1/2-1979a, S. 33-46.
Jaeggi, U.: Kapital und Arbeit in der Bundesrepublik, Frankfurt/M. 1973.
*Krysmanski, H.J.: Soziologie des Konflikts, Reinbek bei Hamburg 1971 ([2]1977).
Lenski, G.: Power and Privilege, New York 1966.
Luhmann, N./Habermas, J.: Theorie der Gesellschaft oder Sozialtechnologie – Was leistet die Systemforschung? , Frankfurt/M. 1971.
Marx, K.: Das Kapital, erster Band, in: Marx, K./Engels, F. Werke, Band 23, Berlin 1972.
*Mendner, J.H.: Technologische Entwicklung und Arbeitsprozeß, Frankfurt/M. 1975.
Stiehler, G.: Gesellschaft und Geschichte. Grundlagen und Triebkräfte des historischen Fortschritts, Köln 1974.
*Tjaden, K.H.: Soziales System und sozialer Wandel, Stuttgart 1972.
Tjaden, K.H.: Naturevolution, Gesellschaftsformation, Weltgeschichte. Überlegungen zu einer gesellschaftswissenschaftlichen Entwicklungstheorie, in: Das Argument 19 (1977), S. 8-55.

Kapitel 4
Amin, S./Palloix, Ch.: Neuere Beiträge zur Imperialismustheorie, Band I, München [2]1973.
*Arbeitsgruppe Kinderschutz, Gewalt gegen Kinder. Kindesmißhandlungen und ihre Ursachen, Reinbek bei Hamburg 1975.
Bahrdt, H.P.: Industriebürokratie, Stuttgart 1958.
Bartelt, M.: Der Wandel des gesellschaftlichen Wertsystems als Orientierung für einen Neuen Lebensstil, in: Wenke, K.E./Zilleßen, H. (Hrsg.): Neuer Lebensstil – verzichten oder verändern? , Opladen 1978, S. 73-121.
*Bechler, E.: Internationale Arbeitsteilung und Dritte Welt, Köln 1976.

Bergmann, J. u.a.: Herrschaft, Klassenverhältnis und Schichtung, in: Verhandlungen des 16. Dt. Soziologentages in Frankfurt/M. 1968, Stuttgart 1969, S. 67-88.
Blauner, R.: Alienation and Freedom, Chicago 1964.
Bolte, K.M. u.a.: Soziale Ungleichheit, Opladen ³1974.
*Brandt, G.: Zentrale Themen und gesellschaftliche Bedingungen der Industriesoziologie seit Mitte der sechziger Jahre, in: Verhandlungen des 18. Dt. Soziologentages in Bielefeld 1976, Darmstadt und Neuwied 1968, S. 785-804.
Brandt, G. u.a.: Computer und Arbeitsprozeß, Frankfurt/M. 1978.
Braun, S.: Zur Soziologie der Angestellten, Frankfurt/M. 1963.
Braun, S./Fuhrmann, J.: Angestelltenmentalität, Neuwied 1970.
*Braverman, H.: Die Arbeit im modernen Produktionsprozeß, Frankfurt/M. und New York 1977.
Brechstein, E.: Die Sozialisation des Arbeiterkindes in Familie und Schule, Freiburg (Brsg.) 1971.
Briefs, U.: Neue Technologien als Herausforderung für die Gewerkschaften, in: Blätter für deutsche und internationale Politik 23 (1978), S. 1179-1197.
Bright, J.: Automation und Management, Boston 1958.
Brückner, P.: Freiheit, Gleichheit, Sicherheit, Frankfurt/M. 1966.
Bundesministerium für Forschung und Technologie: Positionspapier zur Modernisierung der Volkswirtschaft – Elektronik, Produktivität, Arbeitsmarkt, in: Frankfurter Rundschau vom 22.3.1979.
Bunz, A.R. u.a. (Infas): Qualität des Arbeitslebens. Soziale Kennziffern zur Arbeitszufriedenheit und Berufschancen, Bonn 1973.
*Christensen, G. u.a.: Wie wir leben. Zahlen, Fakten und Analysen zur Lage der Kinder, Dortmund 1978.
Claessens, D.: Familie und Wertsystem, Berlin 1962.
Claessens, D./Menne, F.W.: Zur Dynamik der bürgerlichen Familie und ihrer möglichen Alternativen, in: Sonderheft 14 Soziologie der Familie, Kölner Zeitschrift für Soziologie und Sozialpsychologie 1970, S. 169-198.
*Claessens, D./Milhoffer, P. (Hrsg.): Familiensoziologie, Ein Reader als Einführung, Frankfurt/M. 1973.
Clausen, L.: Tausch. Entwürfe zu einer soziologischen Theorie, München 1978.
Dähne, E./Priester, K.: Arbeitsbedingungen und gewerkschaftlicher Kampf, Frankfurt/M. 1978.
Dahrendorf, R.: Gesellschaft und Demokratie in Deutschland, München 1968.
Duhm, D.: Warenstruktur und zerstörte Zwischenmenschlichkeit, Köln 1973.
Forschungsgruppe „Bauarbeit und Architektenausbildung" am Fachbereich Architektur der Fachhochschule Dortmund (Angermaier, M., Eisenbach, B., Jäger, W., Janssen, J., Richter, W., Stefaniak, R.). Forschungsberichte 1977 ff.
*Fröbel, F. u.a.: Die neue Arbeitsteilung. Strukturelle Arbeitslosigkeit in den Industrieländern und die Industrialisierung der Entwicklungsländer, Reinbek bei Hamburg 1977.
Fuhrmann, J.: Rationalisierung in der Verwaltung, Frankfurt/M. 1978.
*Funk-Kolleg: Sozialer Wandel, Band 1 und 2, Frankfurt/M. 1975.
Geiss, I.: Was wird aus der Bundesrepublik? Die Deutschen zwischen Sozialismus und Revolution, Hamburg 1973.
*Giesecke, H. u.a.: Gesellschaft und Politik in der Bundesrepublik. Eine Sozialkunde, Frankfurt/M. 1976.
Glatzer, W.: Einkommenspolitische Zielsetzungen und Einkommensverteilung, in: Zapf, W. (Hrsg.): Lebensbedingungen in der Bundesrepublik, Frankfurt/M. 1977, S. 323-384.
Götz, Chr.: Zum Entwurf des neuen DGB-Grundsatzprogramms, in: Blätter für deutsche und internationale Politik, Heft 3/1980, S. 307-317.
Goldberg, J./Jung, H.: Die Wirtschaftskrise 1974-1976 in der Bundesrepublik Deutschland, Frankfurt/M. 1976.

Gröll, J.: Erziehung im gesellschaftlichen Reproduktionsprozeß, Frankfurt/M. 1975.
Grüneisen, V./Hoff, E.H.: Familienerziehung und Lebenssituation. Weinheim/Basel 1977.
Hagemann-Withe, C./Wolff, R.: Lebensumstände und Erziehung. Frankfurt/M. 1975.
Hagenkötter, M.: Die Zukunft der Humanisierung hat schon begonnen, in: Die Neue Gesellschaft 28 (1977), S. 37-50.
Hauck, G.: Typen kolonialer Produktionsweise, in: Das Argument 21 (1979), S. 194-205.
Hauff, V.: Nach vorn ohne Zorn, in: DIE ZEIT vom 13.10.1978.
Helfert, M.: Indikatoren für die Arbeitsbedingungen in der Bundesrepublik, in: Industriegewerkschaft Metall (Hrsg.): Materialien zur Tagung „Krise und Reform in der Industriegesellschaft", Frankfurt/M. 1976, S. 438-511.
Helfert, M.: Beschäftigung und Produktivitätsfortschritt, 2. Teil, in: WSI-Mitteilungen, Zeitschrift des Wirtschafts- und Sozialwissenschaftlichen Instituts des Deutschen Gewerkschaftsbundes 30 (1977), S. 270-283.
*Henning, F.W.: Das industrialisierte Deutschland 1914-1972, Paderborn 1974.
*Henning, F.W.: Die Industrialisierung in Deutschland 1800-1914, Paderborn [3]1976.
*Herkommer, S./Bierbaum, H.: Industriesoziologie. Bestandsaufnahme, Kritik, Weiterentwicklung, Stuttgart 1979.
*Hofmann, W.: Grundelement der Wirtschaftsgesellschaft, Reinbek bei Hamburg 1969.
*Hollstein, W.: Die Gegengesellschaft. Alternative Lebensformen, Bonn 1979.
Huffschmid, J.: Die Politik des Kapitals. Konzentration und Wirtschaftspolitik in der Bundesrepublik, Frankfurt/M. 1969.
Hurrelmann, K. (Hrsg.): Sozialisation und Lebenslauf, Hamburg 1976.
*Ibrahim, S./Metze-Mangold, V.: Nichtkapitalistischer Entwicklungsweg. Ideengeschichte und Theorie-Konzept, Köln 1976.
Industriegewerkschaft Druck und Papier: Analyse des Arbeitskampfes 1976 in der Druckindustrie, Stuttgart 1977.
*Industriegewerkschaft Druck und Papier: Rationalisierungsichere Arbeitsplätze-menschenwürdige Arbeitsbedingungen, Stuttgart 1978.
Institut für Arbeitsmarkt und Berufsforschung: Veröffentlichung Nürnberg 1972 ff.
Israel, J.: Der Begriff Entfremdung, Reinbek bei Hamburg 1972.
Jäger, W.: Leistungsorientierung und Modernisierungsbereitschaft in traditionellen Stammesgesellschaften, in: afrika spectrum 8 (1973), S. 46-62.
Jäger, W.: Katastrophe und Gesellschaft, Darmstadt und Neuwied 1977.
Jäger, W.: Natur-Technik-Katastrophe. Grundprobleme einer Katastrophen- und Unfallsoziologie in der BRD, in: Informationen der Arbeitsgemeinschaft für interdisziplinäre angewandte Sozialforschung, Heft 1/2 – 1979a, S. 33-46.
Jäger, W.: Zum Stand arbeitnehmerorientierter Sozialwissenschaft: Die Bereiche „Humanisierungsforschung" und „Studienreform", in: Herkommer, S. u.a.: Soziologie und Praxis, Köln 1979b, S. 101-116 (mit Eglseder, P.).
Jaeggi, U./Honneth, A. (Hrsg.): Theorien des Historischen Materialismus, Frankfurt/M. 1977.
Kade, G.: Krise der Ökonomie – Krise des Kapitalismus, in: Bund demokratischer Wissenschaftler (BdWi) Forum 25 (1976), S. 26-36.
Kadritzke, U.: Angestellte – Die geduldigen Arbeiter, Frankfurt/M. 1975.
Kalmbach, P.: Rationalisierung, neue Technologien und Beschäftigung, in: Gewerkschaftliche Monatshefte 29 (1978), S. 455-465.
*Karmaus, W. u.a.: Stress in der Arbeitswelt, Köln 1979.
*Kasiske, R. (Hrsg.): Gesundheit am Arbeitsplatz. Berichte und Analysen zu Belastungen und Gefahren im Betrieb, Reinbek bei Hamburg 1976.
*Kern, H./Schumann, M.: Industriearbeit und Arbeiterbewußtsein, 2 Bände, Frankfurt/M. 1970.
Kern, H.: Vom Unfug mit der „autonomen Arbeitsgruppe", in: Der Gewerkschafter 25 (1977), 1, S. 16-18.

Kern, H./Schauer, H.: Rationalisierungs- und Bestandssicherung in der Metallindustrie, in: Gewerkschaftliche Monatshefte 29 (1978), S. 272-279 (Teil 1) und S. 482-489 (Teil 2).
*Kern, H.: Kampf um Arbeitsbedingungen. Materialien zur „Humanisierung der Arbeit", Frankfurt/M. 1979.
*Klages, H. u. P. Kmieciak (Hrsg.); Wertwandel und gesellschaftlicher Wandel. Frankfurt/M. 1979.
Kleining, G.: Struktur- und Prestigemobilität in der Bundesrepublik Deutschland, in: Kölner Zeitschrift für Soziologie und Sozialpsychologie 23 (1971), S. 1-33.
Kleining, G.: Soziale Mobilität in der Bundesrepublik Deutschland, in: Kölner Zeitschrift für Soziologie und Sozialpsychologie 27 (1975), S. 96-119 (Teil 1) und S. 273-292 (Teil 2).
Kofler, L.: Geschichte und Dialektik, Oberaula ^{2}1970.
*Kommission für wirtschaftlichen und sozialen Wandel: Wirtschaftlicher und sozialer Wandel in der Bundesrepublik Deutschland (Gutachten), Göttingen 1977.
Kreckel, R. u.a.: Vertikale Mobilität und Immobilität in der Bundesrepublik Deutschland, Bonn-Bad Godesberg 1972.
Krelle, W. u.a.: Überbetriebliche Ertragsbeteiligung der Arbeitnehmer. Mit einer Untersuchung über die Vermögensstruktur der Bundesrepublik Deutschland, Tübingen 1968.
*Littek, W.: Industriearbeit und Gesellschaftsstruktur, Frankfurt/M. ^{2}1975.
Loderer, E.: Strukturelle Arbeitslosigkeit durch technologischen Wandel, in: Gewerkschaftliche Monatshefte 28 (1977), S. 406-415.
Lukesch, H. (Hrsg.): Familiale Sozialisation, Stuttgart 1977.
Lutz, B.: Mechanisierungsgrad und Entlohnungsform, Frankfurt/M. 1958.
*Lutz, B./Schmidt, G.: Industriesoziologie, in: König, R. (Hrsg.): Handbuch der empirischen Sozialforschung, Band 8, Stuttgart ^{2}1977, S. 101-262.
Mallet, S.: Die neue Arbeiterklasse, Neuwied und Berlin 1972.
Mandel, E.: Die deutsche Wirtschaftskrise – Lehren der Rezession 1966/67, Frankfurt/M. 1969.
Matthöfer, H.: Humanisierung der Arbeit und Produktivität in der Industriegesellschaft. Köln 1978.
Marx, K.: Grundrisse der Kritik der politischen Ökonomie, Frankfurt/M., ohne Jahresangabe.
Mayer, K.U.: Sozial Ungleichheit und Mobilität. Ansätze zu einem System sozialer Indikatoren, in: Zapf, W. (Hrsg.): Lebensbedingungen in der Bundesrepublik, Frankfurt/M. 1977, S. 149-208.
*Mendner, J.: Technologische Entwicklung und Arbeitsprozeß, Frankfurt/M. 1975.
*Mergner, U. u.a.: Arbeitsbedingungen im Wandel, Göttingen 1975.
Meueler, E.: Entwicklung und Unterentwicklung in der Ersten und Dritten Welt, in: Wulf, Ch. (Hrsg.): Kritische Friedenserziehung, Frankfurt/M. 1973, S. 347-369.
*Meueler, E. (Hrsg.): Unterentwicklung, Band 1 und 2, Reinbek bei Hamburg 1974.
Meyer, C.H.: Die selbstbeherrschten Untertanen (Familie, Ehe, Kirche), in: Antes, K. (Hrsg.): Erziehung zum Gehorsam, München 1973, S. 11-48
*Mickler, O. u.a.: Technik, Arbeitsorganisation und Arbeit, Frankfurt/M. 1976.
*Mickler, O. u.a.: Produktion und Qualifikation, 2 Bände, Göttingen 1977.
Milhoffer, P.: Familie und Klasse, Frankfurt/M. 1973.
Moore, W.E.: Industrial relations and the social order, New York 1946.
*Mottek, H. (Hrsg.): Studien zur Geschichte der Industriellen Revolution in Deutschland, Berlin 1960.
*Mottek, H.: Wirtschaftsgeschichte Deutschlands, 2 Bände, Berlin 1969.
Neidhardt, F.: Strukturbedingungen und Probleme familialer Sozialisation, in: Sonderheft 14 „Soziologie der Familie", Kölner Zeitschrift für Soziologie und Sozialpsychologie 22 (1970), S. 144-168.

Neuendorff, H./Sabel, Ch.: Zur relativen Autonomie der Deutungsmuster, in: Bolte, K.M. (Hrsg.): Materialien aus der soziologischen Forschung, Darmstadt und Neuwied 1978, S. 841-862.
Nord-Süd-Kommission: Das Überleben sichern (Bericht), Köln 1980.
Oeter, F. (Hrsg.): Familie und Gesellschaft, Tübingen 1966.
Oppolzer, A.A.: Entfremdung und Industriearbeit, Köln 1974.
Oppolzer, A.A.: Hauptprobleme der Industrie- und Betriebssoziologie, Köln 1976.
*Ottomeyer, K.: Ökonomische Zwänge und menschliche Beziehungen, Soziales Verhalten im Kapitalismus, Reinbek bei Hamburg 1977.
Pirker, Th. u.a.: Arbeiter, Management, Mitbestimmung, Stuttgart 1955.
Plack, A.: Die Gesellschaft und das Böse, München 1967.
Pöhler, W.: ... damit die Arbeit menschlicher wird. Fünf Jahre Aktionsprogramm Humanisierung des Arbeitslebens. Köln 1979.
Popitz, H./Bahrdt, H.P. u.a.: Das Gesellschaftsbild des Arbeiters, Tübingen 1957a.
Popitz, H./Bahrdt, H;P. u.a.: Technik und Industriearbeit, Tübingen 1957b.
Preuß, U.K.: Bildung und Herrschaft, Frankfurt/M. 1975.
Priester, K.: Zur Entwicklung der Arbeitsunfälle in der BRD, in: Jahrbuch für kritische Medizin, Band 3, Berlin 1978, S. 131-151.
Projektgruppe Automation und Qualifikation, Berlin 1975 ff.
Projektgruppe Produktivkraftentwicklung Nordhessen, 1. Arbeitsbericht, Kassel 1976.
*Pross, H.: Die Wirklichkeit der Hausfrau, Reinbek bei Hamburg 1975.
Rationalisierungs-Kuratorium der Deutschen Wirtschaft (RKW) (Hrsg.): Wirtschaftliche und soziale Aspekte des technischen Wandels in der Bundesrepublik Deutschland, Erster Band, Sieben Berichte, Kurzfassung der Ergebnisse, Frankfurt/M. 1970.
Rohr, Ch. (Hrsg.): Verhaltensänderung, München 1972.
Ronge, V.: Die Umwelt im kapitalistischen System, in: Jänicke, M. (Hrsg.): Politische Systemkrisen, Köln 1973, S. 329-352.
*Rosenbaum, H. (Hrsg.): Familie und Gesellschaftsstruktur. Materialien zu den sozioökonomischen Bedingungen von Familienformen, Frankfurt/M. 1974.
*Schäfers, B.: Sozialstruktur und Wandel der Bundesrepublik Deutschland, Stuttgart 1976.
Schelsky, H.: Auf der Suche nach Wirklichkeit, München 1979, Taschenbuchausgabe (zuerst Düsseldorf 1965).
Schiel, T.: Entwicklungshilfe und Arbeitslosigkeit, in: 3. Welt Magazin, Heft 5/1978, S. 8-10.
*Senghaas, D. (Hrsg.): Peripherer Kapitalismus. Analysen über Abhängigkeit und Unterentwicklung, Frankfurt/M. 1974.
Sève, L.: Marxismus und Theorie der Persönlichkeit, Frankfurt/M. 1973.
Siebke, J.: Die Vermögensbildung der privaten Haushalte in der Bundesrepublik Deutschland, Bonn 1971.
Soziologischer Almanach: Handbuch gesellschaftspolitischer Daten und Indikatoren für die Bundesrepublik Deutschland, Frankfurt/M. 1975.
Strauss-Fehlberg, G.: Die Forderung nach Humanisierung der Arbeitswelt, Köln 1978.
Taylor, F.W.: Die Grundsätze wissenschaftlicher Betriebsführung, München 1919.
Touraine, A.: L'evolution du travail ouvriers aux usines Renault, Paris 1955.
Unfallverhütungsbericht der Bundesregierung, Bonn-Bad Godesberg 1976.
Vetter, H.O. (Hrsg.): Humanisierung der Arbeit als gesellschaftspolitische und gewerkschaftliche Aufgabe. Protokoll der DGB-Konferenz vom 16./17. Mai 1974 in München, Frankfurt/M. 1974.
Vetter, H.O.: Gleichberechtigung oder Klassenkampf, Köln 1980.

Vilmar, F.: Industrielle Arbeitswelt: Grundriß einer kritischen Betriebssoziologie, Stein/Nürnberg 1974.
*Volkholz, V.: Belastungsschwerpunkte und Praxis der Arbeitssicherheit, Bonn 1977.
*Wachtler, G.: Humanisierung der Arbeit und Industriesoziologie, Stuttgart 1979.
Weisskopf, Th. E.: Kapitalismus, Unterentwicklung und die Zukunft der armen Länder, in: Senghaas, D. (Hrsg.): Peripherer Kapitalismus. Analysen über Abhängigkeit und Unterentwicklung, Frankfurt/M. 1974, S. 166-200.
*Wenke, K.E./Zilleßen, H. (Hrsg.): Neuer Lebensstil – verzichten oder verändern? , Opladen 1978.
*WSI-Mitteilungen, Zeitschrift des Wirtschafts- und Sozialwissenschaftlichen Instituts des Deutschen Gewerkschaftsbundes: Zu einer arbeitnehmerorientierten Hochschul-, Wissenschafts- und Forschungspolitik 31 (1978), Heft 12.
*Zapf, W. (Hrsg.): Lebensbedingungen in der Bundesrepublik. Sozialer Wandel und Wohlfahrtsentwicklung, Frankfurt/M. 1977.
Zeitungskolleg „Mikroprozessoren – die elektronische Revolution"? , Deutsches Institut für Fernstudien, Tübingen 1980.
Zimmer, D.: Computer verdrängen den Menschen, in: ZEIT Magazin 22/1977, S. 12-26.
Zweiter Familienbericht der Bundesregierung: Bericht über die Lage der Familie in der Bundesrepublik Deutschland, Bonn 1975.

Kapitel 5

*Bell, D.: Die nachindustrielle Gesellschaft, Reinbek bei Hamburg 1979 (im Original: The Coming of Post-Industrial Society, New York 1973).
Brzezinski, Z.: Amerika im technischen Zeitalter, in: Aus Politik und Zeitgeschichte. Beilage der Zeitschrift „Das Parlament", Heft 5/1968, S. 1-19.
*Brzezinski, Z.: Between two Ages. America's Role in the Technotronic Era, New York 1971,
Flechtheim, O.K.: Zur Abgrenzung der Futurologie; in: Soziale Welt 17 (1966), S. 274-287.
*Fromm, E.: The Revolution of Hope. Toward a Humanized Technology, New York 1968.
Fundamente. Informationen für Angestellte in der Industriegewerkschaft Bau-Steine-Erden, Heft 3/1979.
*Harich, W.: Kommunismus ohne Wachstum? , Reinbek bei Hamburg 1975.
Kahn, H.: Angriff auf die Zukunft, Reinbek bei Hamburg 1975.
*Kahn, H.: Vor uns die guten Jahre, Wien 1977.
Koch, C.: Kritik der Futurologie, in: Kursbuch 14 (1968), S. 1-17.
*Mumford, L.: Mythos der Maschine, Frankfurt/M. 1977.
Peccei, A.: Das menschliche Dilemma. Zukunft und lernen, Wien/München 1979.
van Steenbergen, B.: Kritische und Establishment-Futurologie, in: Futurum 1970, S. 159-170;
Toffler, A.: Der Zukunftsschock, Bern 1970.